LICHTWELT VERLAG
FALKENSTEIN

1. Auflage 2024

Lichtwelt Verlag GmbH, Falkenstein 69, A-2162 Falkenstein
E-Mail: office@lichtweltverlag.at
Telefon: +43 2554 880 95
Telefax: +43 1 253 30 33 1750

www.lichtweltverlag.at

Druck+Gesamtherstellung: Druckerei Janetschek GmbH, Heidenreichstein, Waldviertel. Gedruckt in Österreich auf dem FSC®-zertifizierten Papier Munken Print Cream, chlorfrei gebleicht, aus nachhaltig bewirtschafteten Wäldern und kontrollierten Quellen.

ISBN 978-3-903435-15-5

MIX
Papier
FSC FSC® C001924

JAHN J KASSL

DER LICHTNAHRUNGSPROZESS

DER LICHTNAHRUNGS-PROZESS

GRENZERFAHRUNG IN 21 TAGEN

ERKLÄRUNG

Die Absicht des Buches ist es, neue Gedanken zu ermöglichen, um unser Bewusstsein zu erweitern. Sobald wir zulassen, dass uns das göttliche Licht als Nahrungsquelle dienen kann, ist uns diese Energie auch tatsächlich zugänglich.

Die Erde war nie eine Scheibe, doch lange genug gab es keine andere Vorstellung davon. Wie lange noch wollen wir glauben, dass uns nur feststoffliche Nahrung ernähren kann?

Dieses Buch soll informieren und dokumentiert die Anbindung an das Licht.

WICHTIGER HINWEIS

Der Verlag und der Autor können für keinerlei Schäden, die durch den Gebrauch der Informationen dieses Buches direkt und indirekt entstehen können, haftbar, verantwortlich oder schadenersatzpflichtig gemacht werden.

„Lass mich weniger von Nahrung und
mehr vom kosmischen Licht leben.

Oh, göttliche Lebenskraft, du bist es,
die meinen Körper unmittelbar erhält.
Du verwandelst und vergeistigst meine Nahrung,
Speisen, Getränke und den Sauerstoff der Luft
in göttlich belebende Strahlen.

Lehre mich, oh GEIST,
immer weniger von grobstofflicher Nahrung und
immer mehr vom kosmischen Lichte zu leben.

Es ist deine Energie,
die in der Glühbirne meines Körpers leuchtet.
Es ist dein allgegenwärtiges Leben,
das mich mit Kraft erfüllt."

PARAMAHANSA YOGANANDA
„Flüstern aus der Ewigkeit"

INHALT

EINWEIHUNG

VORWORT DES AUTORS

14 JAHRE DANACH ...

Sehr geschätzte Leser & liebe Freunde!

Der in diesem Buch beschriebene Lichtnahrungsprozess von 21 Tagen – als ich mich damals nach Kreta aufmachte – liegt jetzt schon über 14 Jahre hinter mir!

Rückblickend war es für mich eine der tiefsten Erfahrungen und zugleich eine der größten Herausforderung bis zum Jahr 2007. Es galt sich vollkommen in die Hand Gottes zu begeben, denn manchmal – Sie werden es lesen – fühlte ich mich dem Tod näher als dem Leben.

Was jedoch danach kam, hat mich voll „entschädigt"! Ich wurde reich belohnt: mit Selbstvertrauen und Gottvertrauen in einem Ausmaß, wie ich es davor nicht gekannt hatte.

Diese innere Gewissheit, dass Gott alles möglich ist und dass das Leben selbst für uns sorgt, ist bis heute ein Teil meines Selbstverständnisses. In diesen 21 Tagen ist ein unverrückbarer Anker des Vertrauens in mein Herz gelegt worden und eine tiefe innere Verbundenheit mit ALLEM-WAS-IST entstanden.

Heute ist es mir eine wahre Freude, diesen Erfahrungsbericht in gedruckter Form vorlegen zu dürfen.

Für alle, die diesen Gedanken in sich tragen oder die ein Gefühl für diesen „Prozess" erhalten wollen, kann dieses Buch eine wahre Fundgrube an Ermutigungen und Lichtblicken sein.

Nach meinem Prozess habe ich Menschen kennengelernt, die ebenfalls diese 21 Tage der Umstellung absolviert hatten. Dabei wurde mir klar, dass der Prozess bei jedem Menschen anders verläuft. Die heftigen Symptome, die ich hatte, traten bei manchen Menschen kaum auf oder bei anderen noch heftiger, sodass sie abbrechen mussten. Ich erwähne das, damit Sie wissen, dass alles möglich ist – und dass die in diesem Buch beschriebenen Abläufe niemals auf andere Menschen eins zu eins übertragbar sind.

Ich führe das auch an, damit Sie diesen Prozess nicht unter allen Umständen durchziehen. Wenn es nicht passt, brechen Sie bitte ab – das ist kein Scheitern, sondern das ist oftmals sehr weise!

Wir alle sind Individuen, einmalige Wesen – und so ereignen sich auch unsere Entwicklungs- und Einweihungsschritte auf individuelle und unnachahmliche Weise.

Wie ich am Ende des Buches anführe: Wenn Sie sich für den Lichtnahrungsprozess entscheiden, dann bitte nur, wenn Sie absolut sicher sind! Lassen Sie sich diese Sicherheit von den spirituellen Ebenen, das heißt, von ihrer geistigen Führung bestätigen. Zeit, Ort und Seelenplan müssen übereinstimmen, damit diese Herausforderung gelingen kann und diese das erwünschte Ergebnis hervorbringt.

Für mich war das Jahr 2007 ein bestimmendes Jahr in meinem Leben. Die Veröffentlichung der „Jesus Biografie 1" war in Planung, das Ende meiner Tätigkeit im Caféhaus zeichnete sich ab und ich wurde auf die Verlagsgründung vorbereitet und eingeschwungen. Die richtigen Menschen kamen in mein Leben und Verabredungen aus dem Sein begannen sich damals –

oft auf wundervolle Weise – abzuzeichnen. Viele Menschen sind wahre Freunde geworden, wofür ich bis heute unendlich dankbar bin – manche schauten nur kurz vorbei ...

Meine Aufträge wurden mir enthüllt und auch ein Familienleben wurde mir damals von meinen geistigen Führern vorhergesagt.

All das erfüllte sich tatsächlich nur zwei Jahre später! 2009 wurde der Lichtwelt Verlag von meinem Bruder Karl und von mir gegründet und im Dezember starteten wir mit unserer ersten Lichtlesung – und vor allem: 2009 ist das Jahr, in dem ich meine geliebte Frau kennenlernte!

Das ganze Leben ist ein Prozess, in dem sich Einzelteile der Reihe nach ins große Puzzle unseres Lebens einfügen. Jede Eile ist hier fehl am Platz – denn das Leben findet uns!

Denn gleich, wie wir uns auch bemühen oder um etwas ringen, alles hat seine Zeit, seinen Ort und seine Bestimmung – und nur darauf gilt es vorbereitet zu sein.

In diesem Geiste lege ich dieses Buch in Ihre Hände. Möge es Ihren Geist inspirieren und Sie im Herzen berühren.

Mit Liebe

JAHN J KASSL

Falkenstein, im Januar 2024

EINFÜHRENDE WORTE

Die faszinierende Möglichkeit, unseren Körper vom flüssigen Licht zu ernähren, ist Thema dieses Buches. Es beschreibt den Prozess, der diese Wirklichkeit in unser Leben bringen kann.

Aufgrund des hier veröffentlichten Protokolls erhalten Sie einen Einblick in den Ablauf und in die Magie, die durch solch eine Umstellung der Ernährung unweigerlich ins Leben tritt.

Ja, es ist möglich! Ja, es ist keine Illusion!

Ja, auch DU kannst dich vom göttlichen Licht ernähren und so erfahren, dass du göttlich bist! Denn mit dieser Umstellung geht auch eine kraftvolle Transformation deiner Energien einher und danach fühlst du dich eindeutig angebunden an die universelle Lebenskraft, an den Atem Gottes.

Durch die präzise Neuausrichtung, die dein Energiesystem erfährt, wird dir dieses völlig neue Lebensgefühl zuteil.

Eine Erfahrung also, die dich nicht nur vom Zwang, „essen zu müssen", befreit, sondern die dir auch dein wahres Wesen ins Bewusstsein rückt.

„Unsere Körper haben zum Beispiel die Fähigkeit, die Photonen des Sternenlichts oder des Sonnenlichts in eine Substanz, die der Körper braucht, zu verwandeln, das heißt, zu binden. Dieser Prozess ähnelt der Photosynthese. Diese Fähigkeit wird auf der kollektiven Ebene auftauchen, sobald der Mensch das Überbewusstsein erreicht hat. Sie kann bereits im Zustand der absoluten Wahrnehmung entwickelt werden. Dieses Entwickeln ist kein bewusster Prozess. Es geschieht auf der Ebene der Essenz der Seele und passiert ganz natürlich. Dabei wird der physische Körper durch innere Verbrennung aus den Elektroden des Äthers direkt versorgt, ohne den Umweg über die auf Kohlenstoff aufbauende Materie. Es geschieht in Abhängigkeit vom Grad unseres Erwachens. Der Prozess geht weiter: im Zustand des Überbewusstseins hören wir auf, Energie von der Erde abzuziehen (zum Beispiel fossile Brennstoffe, Mineralien usw.) und können stattdessen Licht direkt in Materie und Formen umwandeln, die wir für unsere täglichen Bedürfnisse brauchen."

Peter O. Erbe, aus dem Buch „God I AM"

Dazu der Aufgestiegene Meister HILARION:

„Nein, die Kraft, die die menschliche Maschine antreibt, ist nicht chemisch, sondern ätherisch. Der Äther ist eine Form allumfassender Substanz, die noch verdünnter ist als die subtilste Chemikalie des Menschen. Und tatsächlich ist dies der Stoff, aus dem sich alle wissenschaftlich bekannten Elemente kondensieren, so wie Wassertropfen aus Wasserdampf in der Luft. Gemischt mit dem Äther, der alle drei-dimensionalen Räume des Menschen füllt (sogar die zwischen den Protonen und den Elektronen der Materie, was von der Wissenschaft als „leerer Raum" betrachtet wird), ist das eine Substanz, die wir als Prana bezeichnen, um das östliche Wort für Lebensenergie zu verwenden. Tatsächlich kennen die östlichen Religionen diese wundersame Substanz und verstehen ihre Rolle beim Erhalt des „Lebens" des Menschen sehr gut.

Wenn ein menschlicher Körper Luft in seine Lungen einatmet, wird Prana im ätherischen Ebenbild dieser Luft in das ätherische Ebenbild des Körpers aufgenommen und dann in die verschiedenen Energien, die im täglichen Leben benutzt werden, umgeformt: Mentale Energie, emotionale Energie und physische Energie.

Der Sauerstoff, der über die Lungen im Blut aufgenommen wird, spielt eine Rolle im Stoffwechsel, aber verglichen mit der Bedeutung der Pranaaufnahme ist es nur eine Nebenrolle."

Aus dem Buch „Lichtnahrung" von Jasmuheen, S. 40 ff

Therese Neumann, Giri Bala, Graf Saint Germain, eine bedeutende Anzahl von Mystikern und Yogis sind Beispiele dafür, dass das göttliche Licht wirkt. Doch nun gelangt diese Tatsache in das breite Bewusstsein der Menschen und mittlerweile leben die „Heiligen", Menschen, die vom Licht erhalten werden, mitten unter uns.

Tausende haben den Lichtnahrungsprozess durchlaufen, viele haben ihre alten Essgewohnheiten wieder aufgenommen, doch sie alle werden in der Tat durch das flüssige Licht genährt. Diese Wahlmöglichkeit bedeutet Freiheit und das Lebensgefühl nach dieser Anbindung ans Licht bringt Freude und Liebe.

Ja, das Licht Gottes wirkt!

Abschließend dazu PARAMAHANSA YOGANANDA:

„Glaube nie, dass dein Leben durch die Kraft der Nahrung und nicht durch die Macht Gottes erhalten wird! Er, der alle Formen der Nahrung geschaffen hat, er, der den Appetit geschenkt hat, wird auch dafür sorgen, dass der, der an ihn glaubt, erhalten wird. Bilde dir nicht ein, dass dich Reis ernährt oder du durch Geld oder Menschen unterstützt wirst. Könnten sie helfen, wenn der Herr dir deinen Lebensatem nimmt? Sie sind nur seine Diener. Ist es deine Fähigkeit, durch die Nahrung in deinem Magen verdaut wird?"

Aus „Autobiografie eines Yogi"

Mit dem Ausblick, dass sich laut einer Information aus den geistigen Lichtwelten die gesamte Menschheit bis zum Ende des ausgehenden Jahrhunderts auf Lichtnahrung umgestellt haben wird, schließe ich diese Einführung in den Prozess.

Gewinnen sie einen Einblick in diesen Vorgang, der vor allem in das bedingungslose Gottvertrauen führt. Die einzelnen Schritte der magischen Anbindung an das Licht sind hier aufgezeichnet – im „Protokoll".

DER VORSPANN

VIER MONATE DAVOR

16. MAI 2007, 20 UHR

Ich kann mich am Morgen kaum auf den Beinen halten und als ich die Menschen in der U-Bahn sehe und höre, empfinde ich dies als unglaublich laut. Es ist, als würde ich die Schwingungen direkt wahrnehmen.

Die Veränderungen in meinem Gesicht sind bereits derart, dass mich Gäste fragen, was mit mir los sei. Ich bin gereizt und körperlich sehr schwach. Ich kann nicht mehr und breche die Arbeit ab! Nach vier Tagen ohne Nahrung und nach 36 Stunden ohne Flüssigkeit, da mein Körper jetzt etwas zu trinken braucht. Ich habe diesen Prozess nun auf September verschoben, so wie ursprünglich vorhergesehen und von der geistigen Welt ausgesucht – in Griechenland.

Das Arbeiten und das Durchlaufen des Lichtnahrungsprozess sind für mich nicht möglich.

Allein das Wahrnehmen der Energien der anderen Menschen bedeutete Schmerz. Ich fühlte eine starke Sogwirkung, so als wenn ich in die Absichten und Gedanken, die Gefühle und Emotionen der Mitmenschen hineingezogen würde und mich dagegen nicht schützen könnte.

Die Wahrnehmung war so geschärft, dass ich jede Regung eines Menschen sofort erfasste – und das war bei Weitem nicht immer angenehm.

Zusätzlich stellte sich großer Durst ein und das hat mich in meiner Entscheidung bestärkt: also auf nach Griechenland.

Ich danke meinen himmlischen Wesenheiten und bitte euch, mich für September optimal einzustellen. Bis dahin genieße ich die Lust am Essen und Trinken, denn das Gefühl, dass Lichtnahrung einen Aspekt meines Weges darstellt, bleibt!

EINLEITUNG

ALS MEIN HERZ ZU SINGEN BEGANN

Geliebter Leser,
als ich vor Jahren erstmals in einem Buchladen das Buch „Lichtnahrung“[1] durchblätterte, wusste ich, dass ich diese Erfahrung beschreiten würde.

Noch war es zu früh und ich steckte den Band zurück in den Buchständer, der auf der belebten Einkaufsstraße zum Einkaufen einlud.

Tags darauf wollte ich das Buch dennoch erwerben, doch es war bereits vergriffen. Dies zeigte mir, dass ich noch warten sollte, denn schließlich hat alles im Leben seine Zeit und alles muss reifen, um so die optimale Erfüllung geben zu können.

Die Jahre vergingen und nur noch selten dachte ich an das Gelesene, an diese einmalige Möglichkeit, sich durch das Licht Gottes zu ernähren.

Längst war ich dem spirituellen Pfad ergeben.

Ich ging durch meine Prozesse der Klärung, durch viele Sitzungen mit dem weißen göttlichen Licht[2] und dabei wurde ich lange Zeit von einem Lichtmedium auf liebevolle Weise begleitet.

Auch das „Channeln" setzte ein und es entstanden wunderbare Bücher aus der göttlichen Einheit und durch JESUS SANANDA.

Es war rundum also ein erfülltes und erhabenes Zusammensein mit meiner Familie aus der Ewigkeit. Ab und zu mischten sich Gedanken in meinen Alltag, die mich an die erworbene Information der Realität, den Körper vom göttlichen Licht zu erhalten, erinnerten. Doch nach kurzem Besehen der Dinge legte ich alle dahingehenden Ambitionen wieder zurück, da ich stets fühlte, dass diese Frucht des Baumes noch Zeit braucht, um endgültig vom Stamm zu fallen.

Im April 2007 war es schließlich so weit! Wieder ging ich an diesem Geschäft vorbei und wieder stand der Drehständer mit Büchern direkt auf der belebten Einkaufsmeile. Ich brauchte nicht zu suchen, von Weitem lachte mir das Buch entgegen – und dieses Mal ging ich in den Shop und erwarb es.

Zu Hause angekommen begann ich darin zu lesen und zu lesen. Ich verschlang es regelrecht und beachtete jedes Detail. Völlig fasziniert von diesem neuen Wissen, das mich von nun an Tag für Tag begleitete und keinen Augenblick mehr losließ, erkannte ich, dass es jetzt an der Zeit war, mich konkret auf den Lichtnahrungsprozess vorzubereiten.

„Du bist dran", tönte es aus meinem Herzen! Aus jeder Faser meines Körpers und aus tiefstem Herzen erklang unmissverständlich ein freudiges JA.

Dies war der Moment, in dem mein Herz zu hüpfen begann, und ab diesen Zeitpunkt konnte es mir nicht schnell genug gehen. Ich erhielt alle Bestätigungen aus der Geistigen Welt und somit die Sicherheit, dass meine Entscheidung für mich richtig und zum optimalen Zeitpunkt erfolgt war.

Doch es sollte noch etwas dauern. Meine Ungeduld verleitete mich dazu, mit dem Prozess eher als empfohlen zu beginnen. Der Hinweis, dass ich mich auf Kreta begeben sollte, um dort in aller Ruhe und in einem Umfeld, das dafür wie geschaffen war, diese Tage zu absolvieren, wurde von mir kurzerhand ignoriert.

Ich beschloss im Mai und bei voller Arbeitsbelastung damit zu beginnen. Genau 36 Stunden hielt ich durch, danach kam, was kommen musste: Ich kapitulierte, um nicht bei der Arbeit zusammenzubrechen. Eine Menge Apfelsaft und zwei Butterkipferln dienten als „Notversorgung", so konnte ich unbeeinträchtigt meinen Dienst zu Ende bringen.

So also doch nicht!

Ich begann die Hinweise genauer zu beachten und ständig wiederholten sich die „Einspielungen" zu Griechenland: „Durchhalten in Griechenland"

Eines Tages wurde mir ein besonderes Schauspiel geboten. Während ich durch die Stadt spazierte und eine unübliche Wegstrecke einschlug, sah ich auf der Straße vor einem griechischen Restaurant, wie sich eine griechische Hochzeitsgesellschaft dieser Feierlichkeit hingab.

„Griechische Hochzeit", hörte ich meine innere Stimme flüstern. Das Besondere daran ist, dass der Moment perfekt passte, denn den ganzen Tag beschäftigte mich die Frage, wo ich den Prozess, „diese Hochzeit" der Verschmelzung mit meinem Wesen, durchlaufen sollte,

denn auch meine Wohnung in Wien war ein Thema – wegen der Annehmlichkeiten einer Badewanne. Denn darauf wird im Buch von Jasmuheen besonders hingewiesen und für mich gehört eine Wanne zu dem Luxus, den ich mir gerne und alltäglich gönne, indem mich ein herrliches Bad nach meiner Arbeit ordentlich entspannt und reinigt.

Kreta kam schon in meine enge Wahl, doch der schöne Ort Paleohora und die Anlage, die mir empfohlen wurde, hatten genau das nicht – eine Badewanne.

„Vertraue auf Gottes Gnade, er kümmert sich um dich."

In dieser Tonart ging es nun weiter. Es verging kein Tag, an dem nicht ein neuerlicher Hinweis erfolgte und mir mein Gefühl, Kreta zu buchen, bestätigt wurde. Zu guter Letzt konnte ich plötzlich ganz bequem vier Wochen Urlaub nehmen, da in unsere Firma ein neuer Arbeitskollege eintrat.

„Ich werde für dich das Unmögliche möglich machen."

So bestellte ich für die Zeit vom 9. 9. bis 7. 10. 2007 ein Apartment auf Paleohoras, um in diese Erfahrung einzutauchen, um meiner Sehnsucht diese Wirklichkeit hinzuzufügen. Denn mir war zu jeder Zeit bewusst, dass dieser Weg ein wundervoller Vorgang war, um die erfüllende Anbindung an meine Göttlichkeit zu erlangen.

Zusätzlich ist es ein Mysterium, wie das Göttliche wirkt und wie die Tatsache – dass durch das flüssige Licht alle lebensnotwendigen Stoffe in unseren Körper gelangen – den Alltag auf erhebende Weise bereichert.

Doch ich war noch davor.

In diesem Protokoll finden Sie „meine" 21 Tage des Lichtnahrungsprozesses aufgezeichnet. Tag für Tag, oftmals im Abstand von einigen wenigen Stunden, schrieb ich nieder, was mich bewegte und welche Herausforderungen diese für mich extreme Zeit bereithielt.

Gewiss, es war erhaben und schön, voller Liebe und Sanftmut, doch es war ein steiles Stück des Weges zu beschreiten – durch Krisen und Zusammenbrüche, über Panikattacken bis hin zur endgültigen Kapitulation, um sich schließlich vollkommen IHM zu überlassen: Gott.

Dieser Vorgang ist mit nichts anderem zu vergleichen! Unverfälscht und unverstellt können sie hier die Tage, die mich an das göttliche Licht angebunden haben, miterleben.

Bestimmt verläuft solch ein Prozess bei jedem Menschen auf einmalige Weise. Dort, wo ich meine Erkenntnisse unter Tränen erhielt, dort sind für einen anderen Freude und Leichtigkeit die Begleiter. Jeder hat ***seine*** Themen und Herausforderungen – und durch diesen Vorgang findet eine Erlösung statt, die an Tiefe und Nachhaltigkeit durch nichts ersetzt werden kann.

Vertraue deinem Gefühl und stärke deine Fähigkeit, dich dem Göttlichen hinzugeben, so kann dir nichts geschehen. Der Prozess, so du dich dafür entscheidest, wird ***zu einer erfüllenden „Angelegenheit" zwischen dir und Gott.***

Diese „Angelegenheit" begann für mich am 9.9.2007 an einem wunderschönen Ort – auf Kreta.

Licht & Liebe

JAHN JOHANNES

GESPRÄCH MIT JESUS SANANDA

19. 8. 2007

JJK: Bist du da, JESUS?

SANANDA: Ja, ich bin es! Alles ist perfekt geführt und dein Leben entfaltet sich vor dir. Vertraue auf diese alles bewirkende Kraft, die dich leitet und zu den erforderlichen Begegnungen führt. Lass es geschehen und genieße es, denn die Situationen kommen auf dich zu – und so wirst du zum optimalen Zeitpunkt alles erkennen und durchschauen, was eine Begegnung für dich bereithält.

Dein natürlicher Fluss deiner Blaupause [3] ist angeregt und alles geschieht in völliger Übereinstimmung auf diese Realität. Diese Übereinstimmung bringt Harmonie und Frieden, Liebe und Freude, da du selbstbewusst und klar und deiner Bestimmung und Absicht gemäß lebst – ein erfülltes Leben, so du deiner Blaupause entsprichst.

Entspanne dich also und sei stets offen, alles Weitere ergibt sich von allein, wie von „selbst", da dein Selbst die Regie für dein Erdenleben übernommen hat. So bedarf es keiner Zweifel und auch keiner Sorge mehr, denn deine Schritte setzt du aus deinem Selbst heraus und durch das Selbst. Der beste Zugang zu dieser noch neuen Tatsache in deinem Leben ist VERTRAUEN.

Bleib gelassen, geduldig und im Vertrauen! Erinnere dich bitte: Alles, was geschehen soll, kommt zu dir. Du brauchst dir nichts zu „erarbeiten". Es geschieht einfach, da du dich deinem Lebensfluss hingegeben hast. Durch dein Hohes Selbst wirst du innerlich angewiesen, und jedes Wissen, das notwendig ist, wird dir gegeben und klar vor dir in Erscheinung treten.

Jede Begegnung und jede Situation sind genau eingepasst, damit sich alles erfüllen kann, wofür du gekommen bist. Erfreue dich daran, denn wahrlich: Es ist für alles gesorgt!

JJK: Ich danke dir, geliebter JESUS. Es ist immer so schön, ein Gespräch mit dir zu führen, auch wenn es kurz ist.

SANANDA: Ja, diese Botschaft soll dein Vertrauen vertiefen und stärken, daher melde ich mich auf diese Weise und dass du es niederschreibst, um es ganz bewusst wahrzunehmen. Du möchtest etwas fragen?

JJK: Ja. Langsam werde ich nervös wegen „Kreta", wo ich meinen „Lichtnahrungsprozess" durchlaufen werde. Ist diese Entscheidung okay? Ist der Zeitpunkt gut gewählt?

SANANDA: Ja, absolut und klar. Es ist deine Entscheidung und zum optimalen Zeitpunkt gewählt! Sorge dich nicht, du wirst von uns getragen werden durch diese Tage und wir werden immer bei dir sein.

JJK: Ich habe speziell wegen der ersten Woche ohne Trinken und Essen ein mulmiges Gefühl in der Magengrube. Werde ich das überleben?

SANANDA: Ja, ganz bestimmt, und du wirst an den Lichtkanal, der es dir ermöglichen wird, dich von Licht zu ernähren, angebunden. Speziell in den ersten Tagen werden wir ununterbrochen bei dir „stehen" und dich mit allem versorgen, was du brauchst, um das Bedürfnis des Trinkens und Essens von dir gehen zu lassen.

Du wirst Kraft haben und jede kleine „Krise" wird von uns begleitet – und so wird es dir dabei sehr gut ergehen.

Mach dir bitte keine Gedanken darüber. Du wurdest nach Kreta geführt, denn dort haben wir die optimalen Voraussetzungen, dein Energiesystem umzustellen: Licht, Liebe, Sonne, Meer, Ruhe, Natur und die Einfachheit eines Lebensgefühls, das dort ausgeprägt ist, fern von jeder Ablenkung – das sind sehr gute Bedingungen dafür. Ja!

JJK: Also wird alles gut verlaufen?

SANANDA: Ja, so ist es. Es wird perfekt sein und in Vollkommenheit geschehen. Freue dich auf dieses neue Lebensgefühl, das dadurch für dich ermöglicht wird. Du hast zum „richtigen" Zeitpunkt diese Entscheidung getroffen und sie stimmt mit deinem Hohen Selbst völlig überein. Bleib in der Ruhe und lass es geschehen! Freue dich!

JJK: Dieses „Wunder" wird sich also ganz entspannt ereignen, danke. So habe ich keine Ängste mehr.

SANANDA: Ja, die kannst du gehen lassen.

Es ist alles am Weg und das „Wunder", sich vom göttlichen Licht zu nähren, wird sich durch deinen Körper manifestieren. Als Lichtträger und Heiler, als Begleiter der Menschen ins Licht ist es ein „Erfordernis", dieses Beispiel zu geben. Du fühlst es, Jahn, ich weiß es – und dieses Gefühl ist absolut angemessen: das „Wunder" der Lichtnahrung.

Durch diese Tatsache, dass du dich davon ernährst, wirst du eine breite Öffentlichkeit erreichen und die Menschen werden die Kraft des unsichtbaren göttlichen Lichts leichter begreifen. Eine Lebensweise, die durch dich einen neuen Schub erhalten wird.

Alles passt perfekt zusammen und deine Absicht aus der Ewigkeit erfüllt sich vollkommen. Vertraue und sei dir gewiss, ich bin da, zu jeder Zeit, in jeder Minute. Jede Sekunde deines Lebens ist geführt und meiner Aufmerksamkeit anvertraut.

JJK: Ich danke, dir, vielen Dank!

SANANDA: Ich bin immer bei dir und in ewiger Liebe mit dir verbunden. Genieße alles, was jetzt kommt. Genieße es wirklich und wisse: Es ist „erlaubt", es zu genießen!

Löse deine letzten „Hemmungen“ vor dem Gefühl des Genusses und erlaube dir ein „genussvolles“ Leben.

Beschränke dich nicht durch alte Muster der „Bescheidenheit“ und durch das Zurückhalten deiner Gefühle! Lass sie gehen, diese Bilder, und öffne diese Schranken, um uneingeschränkt dein Leben zu gestalten – und das Gefühl des „Genusses“ gehört dazu. Die Fülle und die Freude werden so angefacht. Genieße dein Leben, denn du hast allen Grund dazu. Ja!

JJK: Die Fülle und der Genuss schließen einander mit ein, bedingen also einander?

SANANDA: Ja, wenn du genießt, fließen deine Energien frei und harmonisch. Du beschränkst dich nicht und lebst befreit. Jeder Genuss, der dich erfüllt und in völliger Klarheit deiner reinen Absicht gelebt wird, erzeugt Fülle, den Zustand, dass für alles gesorgt ist, und ein Gefühl der Wunschlosigkeit – Freiheit, Frieden und Fülle. Genießt du deine Tage, so bist du er-füllt – und das be-freit dich und dein Herz ist er-freut.

Genuss ist nichts „Schlechtes“ und notwendig, um sich zu erfahren. Genieße alles, jeden Moment!

Beobachte dabei stets deine Mitmenschen, sodass du keine „Verletzungen“ erzeugst – und achte auf deine reine Absicht, dann ist dir jeder Genuss erlaubt.

Verwechsle den Genuss nicht mit Völlerei, mit dem Übermaß an „verbotenen“ Freuden oder dergleichen mehr. Genuss in seiner reinen Form ist wesentlich, um sich seiner Freude und Kraft bewusst zu werden und seiner Freiheit, da du durch dieses Erleben dein Gefühl von Freiheit stärkst. Du nimmst dir die „Freiheit“, genussvoll zu leben. So erlangst du Freude – und du fühlst dich vollständiger und in deinem Gefühl, dass für dich gesorgt ist, bestätigt.

Ja, genieße es, dein Leben – in jedem Augenblick!

JJK: Ich werde mich von allen Hemmungen diesbezüglich befreien. Es ist sicher noch etwas da, was ich auflösen soll?

SANANDA: Ja, es sind so alte Muster, die sich zeigen und dich noch etwas „blockieren“. Doch diese gehen jetzt nach und nach. Denn sehr bald wirst du in deiner umfassenden Kraft stehen, sehr bald. Diese Prägungen lösen sich derzeit vollständig aus dir heraus. Ja! Genieße dein Leben! Ja!

JJK: Ich danke dir, JESUS. Ich weiß zwar nicht genau, was ich niederschreibe, doch ich habe das Gefühl, dass mich dieses Gespräch sehr weiterbringt. Ich freue mich schon darauf, dies zu lesen.

SANANDA: Ja, es bringt dich voran. Obwohl du schon sehr bald keine feste Nahrung mehr benötigen wirst, wirst du dein Leben nach der Umstellung mehr genießen denn je. Lass es auf dich zukommen! Du wirst staunen, wie schön und einfach dein Leben dann ist – ein reiner Genuss, ganz bestimmt.

Das Essen kann eine Form von Genuss sein, doch im Vergleich zu einem Leben durch das göttliche Licht verliert sich das Bedürfnis, auf diese Art das Gefühl von Genuss zu erleben. Du wirst es erfahren – und jenseits meiner Worte liegen das Verstehen und das Begreifen dieses so erfüllenden Zustands, bleibt jeder Zeile fern und ist nur dazwischen abzulesen. Deine Erfahrung wird dich das wissen lassen. So ist es! Ja!

JJK: So kann ich mich ja schon darauf freuen.

SANANDA: Ja, unbedingt! Du wirst reich beschenkt, sehr reich. Eine bisher ungekannte Lebensqualität wird sich einstellen. Ja, Freude ist angebracht, große Freude.

JJK: Jetzt habe ich keine Fragen mehr, aber ich merke, wie ich vom Vertrauen in diesen Prozess auf Kreta erfüllt werde. Meine Ängste gehen, ich merke es gerade ganz klar.

SANANDA: Sie gehen alle – Ängste sind nicht angebracht, wo Freude und Vertrauen sind. Das ist sehr wesentlich:

Vertraue und alles geschieht zum Wohle deiner Bestimmung aus der Ewigkeit. Vertraue und genieße, lass dich vom Licht des Vaters ganz erfüllen, ausfüllen und ernähren! Vertraue auf diese Wirklichkeit und gib dich hin, bis das „Wunder" an dir vollbracht ist.

So verabschiede ich mich für heute und sei dir gewiss: SEIN Licht wird dich nähren und du wirst weder Hunger leiden, noch wird es dich dürsten, denn durch sein Licht der Liebe wirst du auf ewig gesättigt sein.

Genieße jeden Tag!
Genieße dein erfülltes Leben!

Ich danke dir, du möchtest noch etwas fragen?

JJK: Ja, KRETA?

SANANDA: Sorge dich nicht. Ich stehe bei dir Tag und Nacht. Dir wird es an nichts fehlen.

VERTRAUE, VERTRAUE, VERTRAUE!

JJK: Danke.

SANANDA: Gute Nacht, Jahn. ICH BIN ES!

Liebe, Licht und Segen

JESUS SANANDA

(Dies ist ein kurzer Auszug eines Gespräches mit IHM zwei Tage vor dem Abflug nach Kreta. Im Gespräch insgesamt ging es um ein die „Jesus Biografie" Teil I betreffendes Detail.)

DAS PROTOKOLL

*„ESSEN oder NICHTESSEN ist nicht das Thema.
Doch die Freiheit selbst zu entscheiden,
zwischen diesen Möglichkeiten wählen
zu können und unabhängig zu sein vom
‚Zwang, essen zu müssen',
ist die Absicht, die mich leitet."*

DIE ERSTE WOCHE

9.9.2007

Angekommen – ich bin in Paleohora, im äußersten Südwesten Kretas! Nach einem kurzem, circa zweistündigem Flug bin ich um 10.30 Uhr vor Ort.

Im Supermarkt kaufe ich einige Flaschen Wasser und zwei Packungen Orangensaft, ach ja, und ein Bier. Damit will ich auf die erste Woche anstoßen, nachdem ich wieder trinken darf.

Um 12.00 Uhr gehe ich ins Wasser. Das Meer ist wunderbar!

Es folgt ein mächtiger Hinweis: Eine wuchtige Welle, die mich von hinten überrascht, nimmt meine Brille mit ins Wasser. Ich sehe nicht mehr viel, das ist bei nahezu fünf Dioptrien „Seh-Handicap" keine Besonderheit. Die Brille ist weg. Sie im Ozean zu suchen, halte ich für aussichtslos und eine innere Stimme sagt mir: *„Du wirst sie nicht mehr brauchen!"*

Ich bin aber trotzdem „unglücklich" über den Verlust dieser schönen Brille, und so schwimmen die 500 Euro – der Preis der Gläser – hinweg.

Ich blicke ins weite Meer und beginne zu rufen: *„Meer, gibst du mir meine Brille zurück?"* Obwohl ich das eher für aussichtslos halte, rufe ich erneut: *„Meer!"*

Halb blind blicke ich, bevor ich mich aufmache, zurück in mein Apartment zu gehen, nochmals ins Wasser – und das völlig Unwahrscheinliche tritt ein! Zwischen zwei Steinen liegt meine Brille im Wasser – durch eine Lichtspiegelung kann ich das erkennen. Hohe Wellen schlagen über meinen Kopf zusammen, während ich ins Wasser greife. So finde ich meine Sehhilfe völlig unbeschädigt wieder und weiß, dass dieser Hinweis der Auftakt war, der Start, für den Prozess, der heute um Mitternacht beginnt: DER LICHTNAHRUNGSPROZESS.

„Ich werde sie nicht mehr brauchen", hebt meine innere Stimme an und höre ich mich flüstern.

Trotzdem vielen Dank, dass ich sie zurückerhalten habe, denn bis es so weit ist, wird und soll sie mir noch eine Hilfe sein.

10.9.2007, 10 UHR

Nach einem zehnstündigen, traumlosen Schlaf erwache ich.

Seit gestern 20.00 Uhr nehme ich keine Flüssigkeit mehr zu mir und die geistige Welt hat mit der Arbeit begonnen. Ich merke es daran, dass ich plötzlich an bestimmten Stellen des Körpers Schmerzen habe, die dann ebenso plötzlich wieder verschwinden. Allgemein fühle ich mich so, wie vor einer großen Operation.

Soeben habe ich ein herrliches Bad im Meer genommen – erfrischend und herrlich! Jetzt stellt sich der Durst ein, doch noch dauert es gute 6 Tage, ehe ich wieder etwas trinken darf. Werde ich das durchstehen? Ich weiß es nicht – obwohl mein Entschluss feststeht und ich allen Willen aufbringen werde. Bitte steht mir alle bei!

19 UHR

Fühle mich völlig verlassen. Alleine! Entleert! Kopfschmerzen, zwar nur leicht, und Hunger quälen mich. Und – Durst!

Denke ständig an rote Tomaten und den Geschmack von Pfirsichen. Habe gestern auf dem Markt welche gesehen, wunderschöne, solche gibt es in Wien nicht – und ich komme an diesen schönen Ort, um zu fasten! Ja, so ist es nun mal, doch werde ich es schaffen?

Die Sonne ist untergegangen über Kreta und ich höre das Meer rauschen. Ich sitze am Fenster und schaue dem Ozean zu, wie er seinem Rhythmus, Welle für Welle, gehorcht.

Werde auch ich meiner Absicht, mich dem göttlichen Licht absolut hinzugeben, gehorchen?

11. 9. 2007, 8 UHR

36 Stunden ohne Flüssigkeit und vier Tage ohne Nahrung (hatte am 7. 9., wegen der Darmreinigung, das letzte Essen zu mir genommen!).
An diesem Punkt hatte ich vor drei Monaten den ersten Versuch abgebrochen. Ich kam zur Arbeit und fiel fast um. Apfelsaft und Butterkipferln waren notwendig, um wieder zu Kräften zu kommen.

Und heute: Was gäbe ich dafür, etwas zu trinken – und für ein Kipferl. Aber jetzt ist eine andere Zeit und ich halte durch!

Fühle mich sehr schwach und die meiste Zeit liege ich im Bett oder gehe kurz in die Sonne. Das Duschen ging gerade noch. Die Kopfschmerzen haben aufgehört, doch ich habe Durst, so großen Durst!

Ich bin in DEINEN Händen, Vater.

12 UHR

Meiner inneren Stimme gehorchend ging ich ans Meer und plötzlich hatte ich sogar die Kraft, ins Wasser zu steigen. Ich schwamm eine Zeit lang, obwohl ein hoher Wellengang herrscht und ein bequemes Schwimmen eher nicht möglich ist. Doch ich bemerkte, dass, sobald ich mit den Wellen mitschwamm, ich mitschwang und mich von ihnen tragen ließ, was herrlich entspannend war.

„Lass dich vom Prozess tragen“, hörte ich augenblicklich aus meinem Inneren. *„Schwing mit!“*

Nun weiß ich, woher und warum mir plötzlich so viel Kraft gegeben wurde – und ich lasse mich von den Wellen göttlicher Lichtenergie durch den Prozess tragen.

Momentan fühle ich weder Durst noch Hunger. Nur die Nieren und der Rücken sowie die Oberschenkel beginnen zu schmerzen (so, wie im Buch „Lichtnahrung“ beschrieben).

Ich habe den Eindruck, den ersten „toten Punkt“ überschritten und bewältigt zu haben.

19 UHR

„Mich völlig absorbieren lassen – von IHM/IHR.“

12. 9. 2007

Ich hatte einen scheußlichen Traum: Eine Frau liegt mit gespreizten Beinen vor mir, nackt, doch sie will keinen Verkehr mit mir haben. Ich nehme sie mit Gewalt und ergieße mich auf ihrem Körper. Zwei Männer erfahren davon und wollen dies „rächen". Doch ich bin nicht mehr gemeint, sondern ein anderer Mann, der sich soeben bei den Männern verabschiedet.

Als ich erwache, fühle ich Nässe und wechsele meine Unterwäsche. „Kein Sex(!)", heißt es bei Jasmuheen, „während des Prozesses." Im ersten Moment will ich den Prozess abbrechen. Doch meine innere Stimme sagt mir, dass es gut so ist, dass sich auch diese „alten Säfte" entleert haben. Doch warum mit dieser Gewalt? Ich finde keine Antwort, außer der: „Gewalt erzeugt nur neue Gewalt!"[4]

Tag 3

Ich bin geschwächt, habe aber noch genug Kraft, um ein Bad im herrlichen Meerwasser zu nehmen. Durst und Hunger sind groß.

Noch 4 Tage...

Und heute verabschiedet sich meine Seele und ich bekomme einen Pfropf angesetzt, damit ich nicht sterbe. Die Nieren schmerzen und es ist höchste Zeit dafür, wie ich finde.

Ich gebe mich hin, was immer kommen mag.
Soll ich sterben?
Nein!
Leben will ich – wiedergeboren sein und leben!

15 UHR

Ich habe eine Krise!

Extremer Durst – Durst, Durst, Durst!

19 UHR

Krise vorbei!

Habe Gott, JESUS und die geistige Welt um Hilfe gebeten – und sie erfolgte prompt. Ich fiel in einen halbstündigen Schlaf und als ich erwachte, war ich voller Energie. Sogar das abendliche Schwimmen im Meer war leicht zu bewerkstelligen.

Jetzt sitze ich auf der Terrasse, blicke aufs Meer und rieche den würzigen Duft der Speisen, die meine Zimmernachbarn für sich zubereitet haben. Doch ich genieße den Duft und es macht mir nichts aus, obwohl mein Magen leer ist. Heute Nacht beginnt die geistige Welt mit den konkreten Arbeiten an meinem System.[5]

Ich bin bereit! Ja!

13.9.2007

Bin völlig fertig!
Keine Kraft zum morgendlichen Baden im Meer. Duschen ging noch! Obwohl mir gestern ein ätherischer Pfropf im Nierenbereich angebracht wurde, schmerzen die Nieren noch immer.

Ich bitte um mehr Flüssigkeit.
Ja und – Durst, Durst, Durst. Das einzige Wort, das ich derzeit kenne.

Ist die Farbe der Seele weiß?

Ich hatte den Traum – oder ich sah es im Traum – wie sich etwas Weißes wie eine Decke oder Wolke von mir hob. War dies das Zurückziehen der Seele, wie es angekündigt ist? Ich weiß es nicht.

Jetzt bin ich sehr schwach und halte mich kaum auf den Beinen. 9–11, 12–14, 15–17 Uhr, das sind meine „Operationszeiten" für die Neuausrichtung[6].

Eine große Umstellung erfolgt und ich werde durchhalten. Ja! Noch dreieinhalb Tage.

7.30 UHR

Nun habe ich die ersten drei Termine meiner Neuausrichtung absolviert und habe genug Kraft, um ins Meer zu steigen. Dieses kühle Wasser ist wunderbar. Ich empfinde das erst heute so. Ob das etwas mit der „thermischen Temperatur"[7] zu tun hat?

Die Nieren scheinen versorgt zu sein, da die Schmerzen zurückgegangen sind. Nachmittags lese ich im Buch „Noch eine Runde am Karussell" von Tiziano Terzani den Spruch von Rumi:

„Ein schönes Essen sieht verlockend aus. Jedoch in der Nacht durchläuft es den Körper und wird widerlich. Sättigen wir uns doch mit Liebe! Stillen wir unseren Durst am Daumen des Löwen."

Wie passend!
Freue mich auf die heutige Friedensmeditation.[8]
Drei Tage noch, mein Durst ist groß!

18 UHR

Machte soeben eine schockierende Entdeckung! Meine Stimme ist weg! Ich kann nur mehr flüstern.

Das liegt vermutlich am Wassermangel.
Ich spülte meinen Mund bis tief in die Kehle, ohne dabei zu schlucken, und probierte danach zu sprechen. Es ging besser.

Also, Flüssigkeitsmangel!
Ich finde, dies hätte im Buch „Lichtnahrung" unbedingt angeführt werden sollen.

19 UHR

Die Nierenschmerzen sind abgeklungen!
Es wirkt! Ich bin sehr glücklich.

14.9.2007, 8 UHR

Ich war kräftig genug, um ein Bad im Meer zu nehmen: hoher Wellengang, echt schön und erfrischend.

Der Sonntag naht und mein Durst wird gestillt.

Probleme bereitet mir meine Stimme, da sie nicht vorhanden ist. Nur ein KRÄCHZEN ist zu hören. Aber es wird mit gesagt, sobald ich wieder trinke, kommt das in Ordnung.
Auch meine Ohren reagieren auf diese körperliche Herausforderung. Sie sind wie Trichter und ich höre, vor allem wenn ich aufrecht stehe, eine Art RAUSCHEN, vielleicht hängt das ja mit der Stimme zusammen – HNO eben.

Der Pfropf funktioniert wunderbar, ich muss täglich Wasser lassen – nicht viel, aber genug, um zu überleben. Und da soll jemand sagen, es gäbe keine Engel.

Die Neuausrichtungszeiten werde ich bis Sonntag so beibehalten. Und dann noch zwei(!)mal schlafen.

Na ja, mit meiner Stimme, das wird schon wieder. Habe soeben mit dem Vermieter gesprochen, zwar wie eine „Krähe“, aber es ging.

Noch 48 Stunden!
Der Durst stellt sich immer mal wieder heftig ein, doch nun geht es in die Zielgerade der ersten sieben Tage.

Das Wetter hier ist traumhaft und das Schwimmen im Meer immer herrlich – auch bei hohem Wellengang. Man muss sich nur mit den Wellen treiben lassen – so ist es ein wahrer Genuss – dagegen „anzuschwimmen“ geht nicht. So ist es wohl auch bei diesem Prozess: „mitzufließen“ und sich tragen zu lassen, zu vertrauen und sich hinzugeben. So findet alles einen wunderbaren Ausgang.

Die heutigen fixen Ausrichtungstermine verliefen von mir eher unbemerkt. Doch ab und zu glaube ich, eine Logik bei dieser Arbeitsweise zu erkennen.

Ich habe das Gefühl, als wenn ganz feine „Fäden“ an meinem Körper entlang der Meridianbahnen angebracht werden.

Ansonsten bin ich mal sehr müde, dann wieder frischer – und dass ich hierher ans Meer geführt wurde, stellt sich jetzt als optimal heraus.

Eine Weite und Kraft werden mir so zugänglich, die ich in Wien wohl entbehren müsste – und das hätte alles wohl wesentlich erschwert.
Ich danke euch dafür!

Noch 48 Stunden!

15. 9. 2007, 8. 30 UHR

Heute kein Morgenbad im Meer – bin zu schwach.

Ich komme in einen Zustand, in dem mir alles, was meinen Körper betrifft, gleichgültig wird.

STERBEN oder LEBEN, was macht das für einen Unterschied? Macht mit mir, was ihr wollt, ich bin völlig in euren Händen. Sich jetzt noch zu sträuben, wäre lächerlich – ohne Kraft, mit Schmerzen, völlig ausgezehrt.

Ich bin in deinen Händen – Vater.

Bei Sri Chinmoy[9] lese ich:

„Oh höchster Herr,
gib mir die Fähigkeit zu verbergen,
gib mir die Fähigkeit zu enthüllen.
Ich möchte meinen früheren Lebensstrom verbergen.
Ich möchte mein jetziges Lebenslicht enthüllen."

Kann etwas besser zutreffen, es besser beschreiben?

17.30 UHR

Hatte am Nachmittag einen heftigen Zusammenbruch! Die Ohren, Zähne, Knochen, der ganze Körper voller Schmerz – und ich bekam einen Weinkrampf. Es war kaum zu ertragen. Eine halbe Stunde später erholte ich mich und die Engel und JESUS leisteten ganze Arbeit.

Bin sehr geschwächt, halte mich kaum auf den Beinen, aber nach jeder „Operation" habe ich Kraft, um kurz ins Meer schwimmen zu gehen. Habe das Gefühl, dass dabei die Chakren[10] durch das Wasser ausbalanciert werden. Jedenfalls tut es mir sehr gut.

Jetzt noch eine Nacht und morgen um 20.00 Uhr darf ich das erste Getränk seit einer Woche trinken.

Acht Uhr passt genau, auch numerologisch.

Bisher war ich in der Zurückgezogenheit der 7 und ab morgen 20.00 Uhr gilt die dynamische 8.

Der Durst ist groß – doch bald gestillt.

16. 9. 2007, 14 UHR

Hatte soeben den 11. Neuausrichtungstermin und ich fühle, dass man mich an das flüssige Licht angeschlossen hat.

Habe unendlichen Durst – noch sechs Stunden! Aber alles beruhigt sich.

Das Gefühl, dass der Körper genährt wird, stellt sich ein. Wird auch Zeit, meine Lieben, schaue aus wie ein Skelett, liege nur noch auf meinen Knochen.

ICH VERTRAUE, JA!

18 UHR

Nach einem Weinkrampf von und vor einer halben Stunde wurde mir gesagt:

„Du kannst trinken, die Qual ist vorbei!"

Der Wasserkocher ist eingeschaltet und in einigen Minuten trinke ich das beste Getränk meines Lebens.

Das göttliche Licht ist keine Illusion.
Nein, es wirkt!
Und Engel, jene Lichtwesen,
die uns seit jeher heilend zur Seite stehen,
die Boten Gottes, ja:
„Uns gibt es wirklich."

DIE ZWEITE WOCHE

17. 9. 2007, 17.30 UHR

Schlafen, schlafen, schlafen!
Meine Seele drängt mich dazu und ich gebe mich gerne diesem Bedürfnis hin.

Die Heilungswoche hat begonnen und langsam fühle ich, dass ich wieder zu Kräften komme. Die Ohren sind besser geworden – und auch die Stimme kehrt langsam zurück.

Habe gestern circa einen Liter getrunken – und der erste Schluck war wie „Neuland“, als ob ich die Erinnerung daran, wie man trinkt, vergessen hätte. Erst heute Morgen, nachdem ich mehr als zwei Liter Flüssigkeit zu mir nahm, musste ich Wasser lassen. Verspüre absolut keinen Hunger, so, als wenn dieses Bedürfnis gelöscht wäre. Habe mich auf 72 Kilogramm programmiert und in Wien werde ich mich auf die Waage stellen.

Ich beginne sehr viel zu träumen, alltägliches und anderes – anscheinend wird auch diese Ebene geklärt.

Fühle, dass die Engel ständig bei mir sind und Heilung geben. Heute habe ich oberhalb des linken Auges etwas Kopfschmerzen. Das Gefühl, dass mit den Augen etwas geschieht, kommt immer wieder hoch.

Ab und zu weine ich voller Glück und Dankbarkeit, um dann wieder in einen erholsamen Schlaf zu gleiten.

Als gestern um 17.00 Uhr mein letzter „Operationstermin" zur Neuausrichtung endete, schaute genau in diesem Moment die Vermieterin durch das Fenster herein, um mich zu bitten, ob sie in zwanzig Minuten das Zimmer aufräumen dürfte. Obwohl ihre Zeiten diesbezüglich früher angelegt sind, war es gestern anders. Im Vorfeld bat ich die Engel, die Arbeit an mir schlicht zu unterbrechen, sollte sie hineinplatzen. Doch auch für dieses perfekte Timing war gesorgt.

Die Zeit der Heilung – und ich merke, wie ich langsam wieder zu Kräften komme.

Ein so lang ersehnter Wunsch hat sich erfüllt. Ich kann direkt vom göttlichen Licht und durch seine Liebe leben.

DANKE!

„Mein erhabener Herr,
mein allerhöchster Herr,
lass mich von nun an nicht an den Meinungen
meines Verstandes festhalten!

Lass mich nicht an den Entscheidungen
meines Herzens haften!
Lass mich einzig und allein voll Vertrauen
deiner segenvollen Führung folgen!"

(Soeben bei Sri Chinmoy gelesen)

18.9.2007, 18 UHR

Habe „schlagartig“ erkannt, das Ego – abzukoppeln!

Werde seit gestern Abend in den Träumen – und auch tagsüber – von Gedanken und Emotionen bombardiert. Ständig bin ich im Gespräch mit irgendwem. Ständig träume ich von der Arbeit und wie ich nicht nachkomme, immer geht etwas schief – und immer versuche ich etwas zu erklären.

Damit ist heute Schluss! Und zwar: Das Ego abkoppeln bedeutet, es aus dem Energiesystem zu lösen (das haben die Engel am Nachmittag gemacht) und dann aus der Ferne zu beobachten, was es tut, wie es sich angegriffen fühlt, usw. Es ist so nicht mehr ein Teil meines Systems – und das zu beobachten, bedeutet, dass ich nicht mehr in Resonanz dazu gehe.

Wer ist da verletzt, beleidigt oder gering geschätzt?

Aus der Entfernung gibt es diesen Schmerz nicht mehr, denn das Selbst ist frei davon. So kann sich das Ego ausagieren, ohne dass es mich beeinträchtigt. Es lebt also „sein eigenes Leben“.

Diese Erfahrung wurde mir nachmittags gegeben – und all die Situationen, die ich als Verletzung empfand, habe ich nochmals durchgespielt: kein Ego – keine Verletzung!

So wird alles, was in Zukunft an „Unverständnis" auf mich zukommt, auf der „abgekoppelten Ebene", weg vom Selbst, geschehen.

Ein weiterer Punkt ist zweifelsohne der, dass aufgrund mangelnder Resonanz des Selbst sich das Ego aufzulösen beginnt, da es keine adäquate Nahrung mehr vorfindet, eine Nahrung, die den emotionalen Körper mit Ängsten versorgt. Die Betrachtung von der Ebene des Selbst aus ist der Schlüssel und jede Resonanz zu solchen Emotionen ist so unwahrscheinlich. Das ist der nächste Schritt, jetzt gilt: zu beobachten und alle alten und angsteinflößenden Bilder Gott zu übergeben, denn wo kein Ego, da kein Schmerz.

Meine Vermieter machten sich bereits Sorgen, da ich am Sonntag (das war vorgestern) sehr schlecht ausgesehen haben muss. Wurde aber von meinen Engeln zum Einkaufen geschickt – und so sahen sie, dass es mir wieder besser ging, da ich direkt an der Rezeption vorbeigehen musste.

So konnte ich auch einige Worte mit ihnen wechseln.

Allgemein bin ich noch schwach und verbringe 90 Prozent des Tages im Bett. Doch die Kräfte kehren zurück – langsam und Stück für Stück. Ja, es ist ein außerordentlich großer Eingriff, dieser Prozess, und mit gar nichts zu vergleichen.

Nach der vorhin beschriebenen Erkenntnis von heute Nachmittag sind meine Augenschmerzen links augenblicklich verschwunden. Sehr angenehm!

Ich blicke auf das Meer, doch ins Wasser zieht es mich überhaupt nicht – im Gegensatz zur Vorwoche. Meine Stimme ist noch nicht belastbar, doch täglich füllt sie sich wieder etwas mehr mit Klang.

Fühle mich aufgehoben und umsorgt.

19. 9. 2007, 11 UHR

Habe zum ersten Mal seit zehn Tagen wieder Energie, um lange und entspannt zu duschen. Bisher fehlte mir dafür die nötige Kraft, mich länger auf den Beinen zu halten.

Es beginnt sich ein weiter Frieden in mir auszubreiten. Auch das Meer, die letzten Tage noch voller hoher, an den Felsen brechenden Wellen, und der fast stürmische Wind haben sich nun beruhigt – wie verschwunden: wie innen, so außen. Alles ist ruhig.

In der Nacht träume ich noch sehr wirr und durcheinander, hauptsächlich aber von der Arbeit im Caféhaus und dem Stress dort. Hoffentlich werde ich ***sehr bald***, wie mir gesagt wurde, dort herausgeholt. Ich will das nicht mehr – den ständigen Druck!

War wieder im Meer schwimmen – wie immer: herrlich.

Heißes Wasser, mit einer Viertelspalte einer Grapefruit hineingepresst, ist jetzt mein Lieblingsgetränk. Die Früchte hier schmecken völlig anders, intensiver und süßer als in Wien – ein Genuss.

Das Gefühl, dass mich das göttliche Licht ernährt, ist einmalig und ich fühle, wie sich dieses Licht in mir ausbreitet.

Gestern Nacht hatte ich ständig Bilder von meinen „Leibgerichten" im Kopf: Püree, Tomaten, Salat, sämtliches Gebackene usw. Doch mit der Methode der Beobachtung ging auch das vorbei.

Ich verspüre keinen Hunger, doch diese Bilder sind da und sie stören.

17 UHR

Ich merke, dass meine Haut Unreinheiten aufweist, die sonst nicht da sind. Vor allem schält sie sich an den Händen extrem ab – ich bekomme wohl eine neue.

Der Tag verlief in Frieden und nun hat auch die Vermieterin bemerkt, dass sie sich um meine Gesundheit wirklich keine Sorgen mehr zu machen braucht. Ich war sehr lebendig, als sie ihre turnusmäßigen Aufräumarbeiten in meinem Zimmer durchführte.

Meine Energien kommen zurück und nach wie vor habe ich überhaupt keinen Hunger. Aber das ist ja klar – das Licht wirkt!

„Wie mächtig ist Gott, und wie wenig
wird er von den Menschen beachtet.
Wie unermesslich ist er,
doch nur wenige wollen sich hingeben.

Wie wenig wissen wir von uns,
solange wir uns von IHM fernhalten."

(Stieg aus meinem Herzen empor.)

20. 9. 2007

VERTRAUEN!

Dieser Prozess ist ein Vorgang, um in das bedingungslose Gottvertrauen zu finden! Das ist mir heute klar geworden.

In der Nacht hatte ich viele Traumbilder, und alle waren mit Angst behaftet:

- Rumänische Kinder hausen unter einer Kirche, sie sind verdreckt, doch wunderbar schön und mit strahlenden Gesichtern.

- Ein Mann channelt Yogananda, wie er sagt, und zwar in Yoganandas Muttersprache, eine Sprache, die der Kanal selbst nicht spricht. Der Mann schaut mich herablassend an, als ich sage: „Um Frieden zu bringen, sei er gekommen". Mir ist der Mann äußerst suspekt, er kommt mir wie ein Betrüger vor. Doch seine Geringschätzung und sein offener Zweifel, ob ich ein „echter Channel" sei, da ich ja nur in deutscher Sprache Durchsagen erhalte, verunsichern mich.

- Mein Vater und ein Ball, mit dem eine langjährige Freundin von mir spielen möchte, kommen in diesem „Traum-Wirrwarr" auch vor – und einige Bilder mehr. Es bleibt immer ein Angstgefühl.

Tagsüber geht es so weiter. Noch während der Nacht bemerke ich etwas „Störendes" am Gaumen, so, als wenn ich eine Feder oder ein Haar verschluckt hätte – doch keine Spur davon. Das Schluckgefühl ist seither eher unangenehm. Zuerst Panik, dann Angst!

Habe aber gelesen, dass jemand, der diesen Prozess machte, einen regelrechten „Ausschlag" im Mund bekam. Alles wird umgestellt – der ganze Körper. Doch es dauerte den ganzen Tag, ehe ich mich beruhigte. Und ständig geht es um das VERTRAUEN – sich völlig in SEINE ARME zu begeben – und das GESCHEHEN LASSEN.

Die Zukunft in Gottes Hände zu geben, darum geht es, ja!

Nachmittags stand ich etwas zu schnell aus dem Bett auf und ich fiel so hin, dass ich mir beide Knie aufschürfte, sodass sie wund waren.

Aber nichts von Bedeutung, außer dass darunter eine neue Haut zum Vorschein kam und eigenartigerweise kein Blut floss.

Nach zwölf Tagen hatte ich heute wieder Stuhlgang und ich bin sehr froh darüber, dass ich vor dem Prozess ein „erweichendes Abführmittel" genommen hatte – so ist das kein Problem.

HUNGER – verspüre ich keinen. Ganz offensichtlich werde ich ernährt – von IHM.

DURST – ich weiß es nicht, da ich mich einfach an die Anordnungen des Buches halte und mindestens 1,5 Liter trinke: Bei mir sind es in etwa 2,5 Liter.

Es ist 17.00 Uhr.
Pünktlich auf die Minute kreuzt direkt vor meinem Fenster ein Dampfschiff das Meer – ein schöner Anblick. Man hört es kaum, nur ein tiefes, gelassenes Surren des Motors dringt bis zu mir an das Ufer. Diese Abendstunden liebe ich besonders. Tagsüber ist es derzeit sehr heiß, doch abends frischt es auf. Eine Brise Nordwind sorgt heute für eine wohltuende Abkühlung.

VERTRAUEN – das ist es! So lerne ich Tag für Tag mehr hineinzufinden in diese uns alle und alles umgebende Realität – GOTT.

PS: Ich habe auch das Gefühl, dass der gesamte Körper „auseinander-genommen“ wurde und nun wie ein Puzzle Stück für Stück wieder neu zusammengebaut wird.

21. 9. 2007, 9 UHR

Trete in eine neue Phase.
Der Gaumen ist okay und meine Träume ändern sich:

- Ein Familienfest wird vorbereitet, alle kommen: Vater, Brüder, Mutter – und ein Mitarbeiter vom Caféhaus ist auch dabei. Er geht aber vor dem Fest und will nur seinen Lohn. Die Mutter kehrt den Boden vor dem Haus. Es ist ein Hochhaus auf der Mariahilfer Straße[11] in Wien und wir wohnen im Dachgeschoss. Das mit dem Geld, dem Lohn, soll der Mitarbeiter selbst mit Mutter besprechen, denke ich, da ich möchte, dass er „Selbstverantwortung" übernimmt und sich nicht auf mich verlässt. Es ist Samstag und einen Tag nach dem Fest zerstreut sich die ganze Familie wieder in alle Richtungen.

- Werde bei einem Zahnarzt behandelt. Doch das ist eher ein „Beautysalon", denn eine Arztpraxis. Zwei Damen wollen mir eine Hautbehandlung verkaufen, da meine Haut das unbedingt nötig hätte, wie sie sagen. Doch während ich in das Gesicht einer Dame schaue, denke ich bei mir, welch fette und unreine Haut sie hat.

Auch der Arzt will mich nur hinhalten und ich sehne meinen „alten“ Zahnarzt herbei. Die Behandlung kostet in etwa 410 Euro, erfrage ich, und mit dem Argument, dass ich diese Ausgabe jetzt nicht in mein Haushaltsgeld einkalkuliert habe, gehe ich.

- Weihnachten – ich habe keine Geschenke für Marcus und Johannes, die von mir so geliebten Buben von zwei Freunden. Doch das macht ihnen nichts aus.

Zusammengefasst: Offenbar gibt es etwas zu feiern bei mir.

- Die ganzen Wesensteile werden zusammengebracht.
- Ich werde fein herausgeputzt.
- Wiedergeburt – ich bin mir selbst Geschenk genug.

In der ersten Woche fand ich einen Stein, der aussah wie eine Pyramide. Heute, gegen Ende der zweiten Woche, finde ich einen tiefroten Stein, geformt wie ein Herz.

PYRAMIDE – das Ausrichten und neue Abstimmen meiner Körper.

HERZ – der Weg ins Herz ist angetreten. Deute dies als Hinweis, dass meine Wesensteile zurückkommen und mein Gefäß, der Körper, poliert und frei ist.

Im Anschluss daran lese ich bei Sri Chinmoy:

„Oh öffne heute meine Herzenstür! Ich habe eine Hoffnungsbrücke zwischen dir und mir erbaut.
Oh Mitleidsvoller, ohne Anfang und Ende."

Ja, Vater,
öffne für immer meine Herzenstür,
ich gehöre dir – auf ewig.

22. 9. 2007

Wieder sich aneinanderreihende Traumbilder ...
Besonders bemerkenswert:

- Mir wachsen „Fischschuppen". Werde in Quarantäne gestellt, da ansteckend. Darauffolgend kippt ein Auto ins Meer, alle fünf Insassen überleben und das Auto war versichert.

- Das Hotel Sacher kommt vor, dort habe ich mal gearbeitet – und in der Szene darauf gehe ich mit Prinz William aus England in ein nobles Bekleidungsgeschäft in der City. Man erwartet uns bereits und der Prinz sieht sich diverse Bekleidungsstücke an. Danach verabreden wir uns für den Abend und wollen uns im Sacher treffen.

Deutung:

- Das Auto aus dem ersten Bild beschreibt wohl meinen alten Körper, er wird abgelegt. Die Schuppen weisen darauf hin, dass ein neuer Körper entsteht, mit dem ich mich auch in der Tiefe und der Weite des Ozeans (steht für alles Unbewusste und auch für das Universum) bewegen kann.

- Quarantäne: Viele werden davon noch abgeschreckt und halten eine solche Wandlung für ansteckend, krank oder gefährlich, da ihre Ängste und ihr Mangel an Wissen nur solch eine Interpretation zulassen.

- Das Sacher hat bei mir TRAUMATISCHES hinterlassen und durch dieses Bild wird es aufgelöst. Bekleidung deutet auf ein neues Gewand hin, auf all die Neuerungen, die mit diesem Prozess einhergehen, und es wird das beste Tuch geboten. Der Prinz deutet auf das Königreich hin, das nun in mir errichtet wird: *„Mein Königreich ist nicht von dieser Welt."*

Durch den gereinigten und „neuen" Körper, durch die Anbindung an das Göttliche erlange ich den Status eines Königs wieder, da alle Ebenen des Seins und meines Energiesystems in Harmonie und Liebe aufeinander eingestimmt sind – wahrlich königlich, dieser Zustand.

Mein aktueller körperlicher Zustand ist befriedigend. Allgemein habe ich den Eindruck, dass alles heilt. Auch das linke Ohr fühlt sich heute besser an und ich habe ausreichend Kraft.

Jetzt liege ich nicht mehr so viel im Bett.

1. Woche: Eine Stunde draußen, eine Stunde lesen, die restliche Zeit im Bett.

2. Woche: Zwei Stunden draußen, zwei Stunden lesen, die restliche Zeit im Bett.

23. 9. 2007, 10 UHR

Die dritte Woche beginnt.

Wollte drei „trink-freie" Tage einlegen, um zu sehen, ob der Durst verschwindet – ein kleines Experiment, sozusagen. Nach dreizehn Stunden habe ich das aber abgebrochen, da ich merkte, dass meine Stimme noch sehr empfindlich reagierte und sich „ausschaltete", sobald sie keine Flüssigkeit von außen bekam.

Habe das Gefühl, dass ich den neuen Status integrieren muss und dann werde ich es, wann auch immer, wieder versuchen.

Jedenfalls den Durst hatte ich ausgeschaltet – und ich werde vollkommen von IHM genährt.

Ich sollte aber nichts übereilen, da noch Heilung stattfindet, und Flüssigkeit von außen ist für mich jetzt noch eine große Hilfe.

Meine Stimme war immer schon sehr empfindlich – es braucht eben Zeit.

17 UHR

Habe die „Gelsenplage“ in meinem Zimmer. Nachts werde ich unvorstellbar oft gestochen und regelrechte „Hautkrater“ entstehen. Die Vermieter haben mir einen Gelsenstecker und ein kühlendes Gel zum Auftragen auf die Haut gegeben. Wir werden ja sehen …

Interessant ist, dass auf solche Dinge die Engel keinen Einfluss nehmen.

Derzeit werde ich noch von alten Mustern und Emotionen, das Essen betreffend, heimgesucht und damit nahezu „bombardiert“.

Das/mein aktuelles Angstbild aus dem Kollektivbewusstsein der Menschheit:

Krebsgefahr, wenn man ohne Sonnencreme in der Sonne liegt, und eine dunkle Sommersprosse, die ich am Oberschenkel ausmachte, ließ mich sofort in Panik verfallen. Habe kurz vor Urlaubsbeginn in einer Wissenschaftsillustrierten gelesen, dass eben die Sonnencremes es sind, die wesentlich dazu beitragen, das Hautkrebsrisiko zu erhöhen, da die ganzen Inhaltsstoffe und die Zusammensetzung dieser Cremes durch die Sonnenbestrahlung eine chemische Reaktion auslösen, die für unsere Haut schädlich sein kann.

Dies wurde genau untersucht und abschließend kann gesagt werden: Die Sonne schadet nicht und Bevölkerungsgruppen, die stark der Sonne ausgesetzt sind, weisen kein erhöhtes Krebsrisiko auf. Doch sobald ordentlich eingecremt wird und die Dauer des Sonnenbads um das Zigfache gesteigert wird, kann eine Beeinträchtigung der Haut erfolgen – und tatsächlich, die häufigsten Hautkrebsfälle treten dort auf, wo mit Sonnencremes der Aufenthalt in der Sonne ins Unendliche gesteigert wird.

Ich halte es so, dass ich auf eine Hautcreme fast zur Gänze verzichte. Bin immer nur am Morgen oder dann gegen Abend etwas an der Sonne – und eine leichte und angenehme Bräune stellt sich ein.

Wie ein afrikanisches Sprichwort trefflich sagt:
„Nur Weiße und Esel legen sich in die pralle Sonne."

Ja, mit diesem Bild hatte ich einige Stunden zu tun, bis ich es erlöst hatte und sich meine ganzen „Krebssymptome" im Nichts auflösten.

Während des Prozesses entwickelt man eine Sensibilität für den Körper, die oft bis ins Unerträgliche geht, da jede noch so kleine Veränderung eine Reaktion hervorruft. Und sehr oft sind damit eine alte Vorstellung, ein Muster oder einfach ein falsches Bild verbunden, das es somit aufzulösen gilt.

Arbeit, ja, das ist es!

Aufmerksamkeit und konzentrierte Arbeit, um sich von solchen Ängsten zu befreien, sind in einem hohen Ausmaß gefordert.

Das zweite, sich in meinem Kopf ständig wiederholende Bild dieses Nachmittags war ein KULINARISCHES: Spaghetti mit Paradeissoße – hatte darauf großen Appetit. Dieses Bild aus dem emotionalen Körper löste sich aber bald ab.

Es gibt also stets genug zu tun – ansonsten lese ich, gehe schwimmen und bleibe in der Ruhe.

Die dritte Woche beginnt und langsam komme ich zu Kräften.

EINWEIHUNGSHEMD:

Vor Monaten habe ich mir nach dem Traum – als ich im Hof in Kärnten (dem Ort meiner Kindheit) vom Himmel fiel – ein sehr schönes, eierschalenfarbenes Leinenhemd gekauft. Diese Farbe stimmte absolut mit dem Bild aus dem Traum überein, denn als „Wiedergeborener" fiel ich in einem Gewand dieser Farbe vom Himmel. Und dieses Hemd habe ich jetzt an. Werde es zum Schlafen anbehalten, da es langärmelig ist – und so können mir die „Stech-Tiere" nichts anhaben.

Was für eine Fügung – meine umfassende Wesenheit wird diese Woche integriert, ein neuer Körper wird bezogen und durch die Stiche der Insekten werde ich dahin gebracht, das „richtige" Gewand dafür anzulegen. Hatte eigentlich für dieses Hemd hier keine Verwendung, denn auf Kreta braucht man keine Langarmhemden aus einem Stoff, der wärmt.

Doch meinem Gefühl gehorchend, packte ich es in den Koffer. Ja, man weiß nie, warum sich manches ereignet, bis es offenbart wird.

„Mein Körper stimmt sich ein auf den Takt SEINER Liebe, um auf ewig aus dieser nie versiegenden Quelle zu schöpfen.“

DIE DRITTE WOCHE

24. 9. 2007, 11 UHR

EINDEUTIG – ein starker Energieschub ist über Nacht bei mir eingetroffen. Alles erfüllt sich.

Hatte wieder Träume:

- Der aktuelle Papst ist in einem Bekleidungsgeschäft und will sich neu, das heißt, legerer bzw. lässiger einkleiden. Er ist sich seiner Sache nicht sicher und er kann niemanden fragen, da sich alle Verkäuferinnen aus Scham verkriechen und hinter einem Garderobenvorhang verstecken, frei nach dem Motto: *„Einem Papst schaut man beim Umziehen doch nicht zu!“* Ziemlich verzweifelt blickt der Papst, während er vor einem Spiegel seine neuen Kleider begutachtet, durch ein großes Schaufenster zu mir und ich zeige mit dem Daumen nach oben, das bedeutet, dass er gut gewählt hat: ein einfaches, modernes schwarzes Gewand, einen Halbmantel und eine Hose – sehr schick. Erleichtert lächelt er mir zu und entspannt sich.

- In einem weiteren Bild sehe ich die Fürstenfamilie von Monaco und in einer dritten Szene habe ich Sex.

Also: Gestern der britische Adel, heute Monaco und der Papst – das ist ja eine „lustige“ Runde!

Deutung:

Der Prinz und der König stehen auch für die irdische Macht. Mein Körper ist gleich einem neuen Gefäß, das dementsprechend neu eingekleidet wird.
Durch die Papstfigur bekommt dies eine spirituelle Bedeutung. Auch mein spiritueller Körper wird neu ausgerichtet (Papstgewand!), denn der Papst steht für die spirituelle Macht.

25. 9. 2007, 10 UHR

Wieder geht es um das VERTRAUEN.

Da meine Stimme sehr launisch ist, mache ich mir Sorgen. Doch stets werde ich an das VERTRAUEN erinnert.

Gut so! So löst sich alles auf, was Sorge bereitet.

Die „Insektenplage" hält an. Ich bin total zerstochen. Doch was soll's – vielleicht tut mir das gut, ohne dass ich es weiß.

Gottes Wege sind unergründlich.

17 UHR

Hatte nachmittags ziemliche Bauchschmerzen. Jetzt legt sich das, nachdem ich schluckweise warmes Wasser getrunken habe. Führe das auf die viele Säure zurück, die ich in den letzten Tagen durch das Trinken von Säften aufgenommen habe.

Er scheint ein ganz sensibles „Gerät" geworden zu sein, mein Körper.

26. 9. 2007, 16 UHR

Sitze direkt am Meer. Vor mir ist ein kleiner Steg ins Wasser gebaut, fest genug, um auch kleine Boote anlegen zu lassen. Während ich mich auf einen runden, mich wärmenden Stein setze, bäumen sich die Wellen auf und brechen an den Felsen. Das Rauschen des Wassers ist wie eine verborgene Melodie, die mich an den ewigen Geist, der alles durchdringt, erinnert. Mein Herz ist erfüllt.

Während ich so in die Weite des Meeres blicke, lasse ich den Tag Revue passieren: Trinke wenig und meine Stimme hält, auch Durst stellt sich kaum ein.

Mein Körper ist sehr schlank, doch kein Skelett! Die Hosen kann ich tragen, muss nur den Gürtel etwas enger schnallen.

Auch das ansonsten trockene Gefühl am Gaumen, so ich nicht trinke, nimmt ab. Konnte einen kurzen Spaziergang machen und bemerkte, dass sich auch meine Beine mit Kraft zu füllen begannen.

Habe die bisherigen siebzehn Tage fast unentwegt im Bett verbracht und so ist das Zurückkehren in den

Körper und die Wahrnehmung seiner Kraft genau zu bemerken.

Alle Beschwerden lösen sich merklich auf. Am Sonntag werde ich wohl vollständig in meiner Kraft stehen.

Lerne Englisch, lese und bete.

„OM NAMAH SHIVAY“. [12]

Habe ich die Fingerspitze Gottes berührt?
Oft scheint es mir so. Denn dieser neue Zustand ist ruhig, unaufgeregt und doch sehr erhaben. Er vollzieht sich in der Stille und mir scheint, ich habe in das GOTTVERTRAUEN gefunden!

27. 9. 2007, 15 UHR

Ein sehr anstrengender Tag!

Ich träume von meinen ehemaligen Geliebten und mein Kopf ist voll von Speisen, Düfte und Geschmäcker, den ganzen Tag schon. Er schmerzt sogar etwas – der Kopf.

Scheinbar löst sich vieles heraus, doch sollte es in Wien auch so sein, wird es mir wohl kaum möglich sein, nicht zu essen.

Heute trinke ich viel Orangensaft mit Wasser, als Ersatzbefriedigung, wie ich mir eingestehen muss. Denn längst ist bewiesen, dass ich weder das Essen noch das Trinken benötige – ein permanentes Einwirken von Gedanken und Emotionen, die mit dem Essen und mit Vorstellungen im Allgemeinen zu tun haben.

Ein schwieriger Tag – und das Schlimmste ist: Ich fühle nichts! Keine Engel, keine Meister.
JESUS, wo bist du? Und Vater?

18 UHR

Heftige Kreuz- und Rückenschmerzen haben eingesetzt. Wird etwas gelöst oder kommt Energie zurück? Ich weiß es nicht.

Ich gebe mich hin und VERTRAUE!

28. 9. 2007

„Willst du Gott zum Lachen bringen, so erzähle ihm von deinen Plänen."

Das habe ich heute gelesen und es ist sehr treffend.

Bin heute etwas ruhiger, passend zum Meer – auch dieses hat sich beruhigt. Die Rücken- bzw, Ischiasschmerzen halten an und ich habe den Eindruck, dass Energie einfließt und meine Basis stärkt.

Ansonsten fühle ich mich gut, aber irgendwie „ohne Orientierung" oder „fehl am Platz" – fremd!

29. 9. 2007, 8 UHR

Meine Kreuzschmerzen sind passé – aber wie!

Bin gestern Nacht mit dem ständigen Gedanken an BABAJI und JESUS eingeschlafen:
OM NAMAH SHIVAY.

Kurz vor dem Aufwachen spürte ich einen Energiestrahl durch meine Wirbelsäule sausen und – die Schmerzen waren augenblicklich weg.
Wunderbar!

Heute Morgen hatte ich wieder Stuhlgang – befreiend, wenn man bedenkt, dass es erst der zweite innerhalb von drei Wochen war. Es ist jedem, der diesen Prozess macht, unbedingt zu empfehlen, vorher den Darm zu entleeren.

Ich habe das Gefühl, dass ich mir die Haare ganz kurz schneiden bzw. abrasieren sollte. Werde also jetzt einen „Figaro“ suchen.

11 UHR

Ich habe einen neuen Haarschnitt!

Bin von BABAJI zum Friseur geführt worden und eine hübsche junge Frau hat alles erledigt. Ich trage die Haare nun so kurz wie noch nie zuvor, nur eine Glatze ist weniger Haar.

Mit den Haaren geht altes Karma, da sich dieses in den Haaren ansammelt, sagt BABAJI. So habe ich sie eben geschnitten, um Altes gehen zu lassen, jetzt, wo der Lichtnahrungsprozess beinahe abgeschlossen ist.

Eine komplette Glatze wollte ich mir nicht verpassen, doch auch diese Kürze ist akzeptiert, wie ich merke. Machte bei der Suche nach dem Figaro den längsten Spaziergang, seit ich auf Kreta bin – ich völlig entkräftet, als ich zu Hause angekommen war.

Doch JESUS sagte:

„Sobald ich im Flugzeug nach Wien sitze, wird alles integriert und wird meine volle Kraft vorhanden sein."

Wieder ist es das VERTRAUEN und wieder ist es die HINGABE.

Was für ein magischer Tag – zum Figaro geführt, ein altes Muster erkannt (mein Zimmernachbar redete die ganze Zeit und das hat mich etwas gestört. Im Zuge meiner Selbstbeobachtung erkannte ich aber, dass mich nicht sein ununterbrochenes Reden, sondern seine „Besserwisserei", die in jedem Satz mitschwang, rasend machte – jemand also, der „alles weiß". So hob sich in mir das „Ich weiß alles – Muster" von einem ehemaligen langjährigen Freund an, um mich zu irritieren. Und dieses Muster wollte aufgelöst werden.

In dem Moment, als ich das erkannte, kamen meine Zimmernachbarn vereint und völlig überraschend bei mir vorbei, und die Frau bot mir frische Weintrauben aus dem Ort an – versöhnlich und magisch).

Lese „Lichtnahrung" und auf Seite 20 steht:

„Der Grund dafür, dass eine höhere Frequenz ein Wesen davor schützt, andere, niedrigere Schwingungen aufzunehmen, liegt darin, dass das Licht, das innerhalb der Essenz dieser Seele genutzt wird, undurchdringlich ist."

Genau diese Vorstellung hatte ich seit Langem und mir war immer klar, dass man völlig unabhängig von der Umgebung in seiner Mitte, Kraft und Liebe bleiben kann – und diese Qualität geht mit dem Prozess einher.

Super! Bin schon sehr gespannt, wie sich das im Caféhaus auswirken wird.

Hatte heute erstmals nicht das Bedürfnis, ständig im Bett zu bleiben.

Saß Stunden auf der Terrasse und immer wieder ist es: OM NAMAH SHIVAY.

Bin ruhig und in Frieden.
Freue mich auf morgen.

18 UHR

Durchsage:

„Heilung auf allen Ebenen findet statt!"

30. 9. 2007, 11 UHR

TAG 21

- Träume, dass ich in einer überfließenden Badewanne sitze, mit einem aus den Zeitungen bekannten „Krösus", der aber über seine Verhältnisse gelebt hat und dafür einsitzen musste – ein „Lebemensch", stets mit der für ihn typischen Zigarre im Mund. Und so sitzt er auch in der Badewanne mir gegenüber. Das überfließende Wasser breitet sich auf dem Boden aus und tropft durch die Decke des Nachbarn unter uns. Ich rege mich auf und das Wasser zieht sich augenblicklich zurück, sodass nur noch die Wanne randvoll bleibt.

- Träume, dass ich in einem Spital bin und ein Maler kommt, um die Wände des Zimmers, in dem ich liege, auszumalen. Er verwendet ein schönes helles Grün und sagt mir, ich solle in der Zentrale anrufen, damit die Leute wissen, was mit mir ist, denn kein Arzt kommt dort mehr vorbei. Ich entgegne verlegen, dass ich ohnedies gerade gehen wollte. Zu Hause angekommen erwarten mich viel Post, der Alltag und Rechnungen. Sofort stellt sich ein starkes Mangelgefühl ein.

Ich erwache und habe wieder Rückenschmerzen.

Deutung:

- Fülle im Überfluss, doch mit Rücksichtnahme.

- Der Prozess ist abgeschlossen. Bin entlassen. Das Ausmalen deutet auf meine Haut hin und betrifft meinen weiteren Heilungsprozess insgesamt. Die Farbe Grün zeigt das deutlich. Auch nach dem Prozess geht also die Heilung weiter und allmählich erhalte ich einen neuen „Anstrich“.

Ja, die 21 Tage sind fast um und heute Abend um 19.00 Uhr begehe ich das Ritual[13]. Dann ist der Lichtnahrungsprozess offiziell beendet.

Meine Haut schält sich, speziell auf den Armen – und in den folgenden Wochen werde ich wohl ganz zu Kräften kommen.

Ich bleibe im Jetzt.

17 UHR

VERTRAUEN UND HINGABE!

Diese Einstellung ist die nützlichste – und ich denke, dies gilt für absolut jeden spirituellen Prozess und Vorgang in einem Menschenleben.

Meine Rückenschmerzen sind da, doch seit ich mich hingebe, sind sie erträglicher, denn Gott handelt aus seiner allwissenden Übersicht und dem soll/kann man uneingeschränkt VERTRAUEN.

Alles hat auf einer anderen, übergeordneten, für mich nicht immer einsehbaren Ebene seinen Grund.

Daher gilt es immer zu VERTRAUEN und sich den Ereignissen HINZUGEBEN.

18 UHR

Beobachtete soeben etwas Interessantes. Plötzlich hatte ich in der Nase ein unangenehmes Stechen und ein schleimiges Gefühl – im linken Nasenflügel. Meine ganze Aufmerksamkeit richtete sich darauf und dabei vergaß ich die Rückenschmerzen.

Konnte danach auch fast wieder gerade stehen, das heißt also, dass das Empfinden von Schmerz damit zu tun hat, wie und ob man seine Energie dort hineingibt. Zieht man die Energien ab, verschwindet auch der Schmerz – das, worauf du also deine Aufmerksamkeit, deine Energien richtest, geschieht.

Interessant, wie ich finde, erfordert zwar sehr viel Übung, doch ist diese Meisterschaft über die eigenen Energien erreicht, führt das ganz bestimmt zu einem äußerst erfüllenden Zustand.

21 UHR

ICH BIN GLÜCKLICH!

Beim Verbrennungsritual ließen sich wegen zu starken Windes und meiner mangelnden Übersicht die mit folgenden Absichten beschrifteten Papierstreifen nicht verbrennen:

- alle Vorurteile,
- alle und alte Programmierungen,
- alle und alte Meinungen,
- alles Karma.

Daran gilt es also in Zukunft zu arbeiten.

Nach der Zeremonie habe ich mir ein Bier genehmigt, wobei bereits nach dem dritten Schluck die Wirkung eintrat, indem es mir zu Kopf stieg – allerdings schmerzfrei. Ja, mein Körper ist ein sehr fein eingestimmtes Instrument geworden.

Bin in feierlicher Stimmung – der Prozess endet.

Danke, Vater, ich bin in deinen Händen, mehr denn je und jetzt – vollständig.

OM NAMAH SHIVAY

Frieden & Liebe.

Der Lichtnahrungsprozess endet hier, doch der Prozess der endgültigen und vollkommenen Verschmelzung mit IHM geht weiter.

*„Das Unmögliche wurde
möglich – durch SEINE Gnade,
in SEINEM Licht und mit SEINER Liebe.“*

DIE ERSTEN 7 TAGE DANACH

1. 10. 2007, 10 UHR

Als ob sich eine „Käseglocke“ von mir gehoben hätte. Bin merklich aus dem Prozess heraus.

Meine Kraft scheint vollständig zurückzukommen zu sein, das Kreuz schmerzt, aber so ist es eben, die weiteren Heilungen dauern an, bis ich vollständig geheilt bin.

Wie also fühle ich mich?

Vollständiger! Ich kann es aber nicht näher definieren, so als wenn ich in ein neues Haus eingezogen wäre und mich darin erst zurechtfinden muss.

Einige Tage noch auf Kreta und dann beginnt der „Alltag“.

Gebt mir Kraft!

Durchsage:

VERTRAUEN, VERTRAUEN, VERTRAUEN, Jahn!

Gib dich hin und vertraue SEINEM Atem. Es ist für alles gesorgt. Jede Minute deines Lebens ist beachtet und geführt. So sei gelassen bei allem, was kommt.

Alles ist auf Schiene und Heilung geschieht ununterbrochen. Das ist ein nicht mehr endender Vorgang bei dir und wird so lange fortgesetzt, bis du vollkommen heil und gesund in deiner absoluten Kraft und Schönheit stehst. Daher sei frei von Sorgen, denn das göttliche Timing ist deinem Umfeld auf Erden perfekt angemessen.

Schmerzen kommen und zur rechten Zeit gehen sie wieder – alles zu seiner Zeit eben und immer mit der Übersicht aus der Welt jenseits des Schleiers.

Du bist geliebt und alles steht bereit, damit sich erfüllt, wofür du gekommen bist. Vertraue daher und gib dich hin!

Geliebter Sohn aus der Ewigkeit.

GOTT

21 UHR

Traumhaft – der jetzige Abend! War zum ersten Mal in der Stadt. In einem Straßencafé habe ich mir den Cappuccino bestellt, den ich heute Nacht im Traum bereits getrunken habe – und ich habe eingekauft.

Die Rückenprobleme nehmen ab, da sie ja, wie ich bemerkte, mit Mangelgefühlen zu tun hatten – und durch das Einkaufen, wird Fülle erzeugt. Der Einkauf bewirkte eine sofortige Besserung und auf dem Nachhauseweg habe ich das „verstanden".

Ich erstand einen Ring aus Silber mit einem eingelassenen Amber. Diesen sah ich bereits am ersten Tag in dieser Auslage und augenscheinlich hat er auf mich gewartet.

OM NAMAH SHIVAY
OM NAMAH BABAJI
OM NAMAH JESUS CHRISTUS

Der Schlüsselanhänger, den ich gekauft habe, ist für die neue Wohnung – und dass mein Konto ziemlich „leer" sein wird, wenn ich nach Wien zurückkehre, bedeutet: ALLES ist geleert, so, wie mein Körper nach dem Prozess rein, sauber und leer ist, spiegelt sich das auch auf dem leeren Konto.

„Es muss ALLES leer sein, damit es neu aufgefüllt werden kann", wird mir soeben mitgeteilt.

HINGABE – VERTRAUEN – FÜLLE!

Wie innen, so auch außen!

Der Ring symbolisiert die „Vermählung" mit meinen Energiekörpern und meinem umfassenden Wesen.

2. 10. 2007, 10 UHR

Interessant: Ich habe nur etwa gut zwei Stunden geschlafen und bin trotzdem nicht müde. Ist das schon auf den Prozess zurückzuführen?

Meinem Rücken geht es besser, er schmerzt noch, doch das ständige Liegen der letzten Wochen ist sicher auch ein nicht unbedeutender Grund dafür. Sobald ich auf den Beinen bin und mich bewege, wird es merklich besser.

Bewegung also, das Leben hat mich wieder. Lebendiger als je zuvor!

Hunger verspüre ich keinen. Ab und zu terrorisiert mich die Vorstellung eines Lieblingsgerichts von damals, doch das vergeht gleicht wieder und kommt nicht oft vor. Ist der abgefallen von mir, der Hunger?

17 UHR

Wieder Bandscheibenschmerzen. Meine innere Stimme sagt dazu: *„Es werden Energien durchgebracht, die jetzt durchmüssen. Daher hält dieser Zustand noch an.*

Denn in Wien haben wir nicht diese Gelegenheit, da wir deinen Körper immer für die Arbeit im Caféhaus „wiederherstellen" müssen. Hier geht es ohne Unterbrechung. Sei aber versichert – Heilung geschieht und bald wird auch dieser Schmerz gegangen sein."

Bemerkenswert: Zwei Stunden geschlafen und fit!

3.10.2007

Beginne, eine neue Lektion zu erlernen: trotz Schmerzen fröhlich zu sein!

Das ist, glaube ich, auch ein Punkt, der bei mir neu betrachtet werden soll. Meist habe ich ein sehr schmerzverzerrtes Gesicht dabei.

„Schmerzen kommen – und sie gehen."

Warum also die Leichtigkeit verlieren?

Heute freue ich mich bereits auf die Rückkehr nach Wien. Das Gefühl, dass hier alles getan ist, stellt sich ein. Am Sonntag werde ich wie neugeboren im Flieger sitzen und mein neues Leben aufnehmen.

Verändert und gereinigt – aber als der, DER ICH BIN!

18 UHR, Paleohora City

Durchsage:

Geliebter Jahn, sorge dich nicht!
Es ist für alles gesorgt.

Wieder und wieder wiederholen wir das, damit du in deine vollständige Kraft und das bleibende Gottvertrauen gelangst. Es ist so viel Liebe und Dynamik bereitgestellt, dass du von den zukünftigen Ereignissen sehr überrascht sein wirst. Große Ereignisse kündigen sich an und werden JETZT in Erscheinung treten.

Dein Warten ist vorbei – Erfüllung und Freude, denn du bist ein „Beweger" von Menschenherzen.

Genieße die Tage und erlaube dir, die Freude voll auszukosten. Du bist geliebt und Stein für Stein wird aus dem Weg geräumt, damit du in deine Leichtigkeit findest. Keine Sorgen mehr, nur noch die reine Freude eines erfüllten Herzens – das ist dein Weg. Nicht morgen, sondern JETZT!

Gottes Gnade berührt dich, stets leitet sie dich an und hebt dich empor in Lichtebenen des reinen Seins – der bedingungslosen Liebe.

Ist die Liebe nicht eine wundervolle Angelegenheit? Ist deren Allgegenwart nicht die tatsächliche Essenz des Lebens, unser und euer aller „Treibstoff", um zu leben, um lebendig zu sein, um bewusst zu sein und um das innere Licht in die Welt zu bringen.

Gehe hin und strahle!
Sei der Leuchtturm aus der Ewigkeit!

Die Menschen brauchen dieses Licht, damit sie ihren Weg erkennen, damit sie sich nicht verlaufen und sich nicht in der Welt der Täuschung verfangen!

Sei unbesorgt, es ist so viel Kraft in deinem Herzen, dass sich dieses „Stehen im Wind", um den Menschen zu leuchten, erfüllen kann.

Alles, was dir ab jetzt an „persönlichen Prozessen" widerfährt, kann leicht mit deinen, ab jetzt umfassenderen Aufgaben einhergehen.
Deine Zeit des Rückzugs ist um.

Steige auf zu Gottes Flügeln und lass dich tragen von SEINEM gehauchten Lied der Liebe!

ICH: Wer spricht da zu mir?

ANTWORT: Deine Engel, Geliebter, deine ständigen Begleiter – und wir sind viele – deine Engel.
Wir lieben dich und all unsere Aufmerksamkeit gehört dir und deinem Wirken. Wir sind es, die die vielen „kleinen" Arbeiten erledigen, damit du frei

und ungehindert jede Abzweigung deines Weges mit Klarheit passierst.

ICH: Ich danke euch für alles, was ihr für mich schon bewerkstelligt habt.

DIE ENGEL: Wir sind eins, Jahn. In Wirklichkeit gibt es keine Trennung. Wir sind EINS – ein großes Ganzes, das sich dem GROSSEN EINEN verpflichtet hat.

Geführt und ganz genau eingepasst ist dein Weg „da unten" auf der Erde und wir dienen dieser Absicht des Schöpfers vor Ort.

Tatsächlich „trennt" uns nur ein ganz dünner Schleier, doch auf der Ebene der Herzen sind wir ewig miteinander verbunden. Da gibt es absolut keinen Unterschied zwischen uns und dass du auf der Erde mit einem Teil deines umfassenden Bewusstseins präsent bist, führt keine Trennung herbei. Wir sind eins – ewig und eins.

Lass uns dir versichern, dass alles, was in dein Leben treten wird und schon getreten ist, von uns mit äußerst wirkungsvollen Mitteln begleitet wird.
Unser Licht versagt nie!

So hüllen wir dich auch jetzt ein in Licht, denn dir wird es an nichts mehr mangeln.

ICH: Danke, meine Geliebten.

DIE ENGEL: Erfreue dich und sei der, der du bist! Alles andere ereignet sich aus dem Lebensfluss der Ewigkeit heraus.

Entspanne deine Energiesysteme und befreie jede Verkrampfung aus deinem Denken! Wir lösen sie heraus, sobald du uns den Auftrag erteilst. Doch das ist, wie du ja weißt, längst eine Art „Routine" für dich und uns.

Diese Arbeit geht weiter, bis ALLES, was dich noch ein wenig beeinträchtigt, aus deinem energetischen Umfeld entlassen ist, aber – wie gesagt – das ist „Routine".

Schreite weiter voran und trage dein Licht überall hin, wohin du geführt wirst! Vertraue deinem inneren Wissen, sei dir deiner Macht bewusst, denn du bist erwacht! Erkenne diesen Status an, du bist erwacht, und dadurch ist dir deine alles bewirkende Kraft zugänglich.

Sobald die Liebe kommt, verschwindet alles, was nicht mit ihr schwingt, und die Liebe ist bei dir eingezogen. Sie hat sich ausgebreitet und dein Leben – ist ein Fest.

ICH: Ja, es scheint, dass es jetzt genau in diese Richtung geht!

DIE ENGEL: So ist es! In diese Richtung geht es – immer in Liebe – ein seliger Zustand. Du hast diesen erlangt und er bleibt bestehen, bis deine Aufgaben erfüllt sind. Unwiderruflich – bis dahin!

ICH: Das ist ja ein echter Grund zu feiern.

DIE ENGEL: Natürlich – und feiern wirst du in Zukunft sehr viel, denn dir ist ein wahrlich erfülltes Leben beschert.

Du bist ein Leuchtturm von unglaublicher Kraft. Das Universum hat Kenntnis davon und ist in Verzückung darüber.

Die Tatsache, dass du nun deine Allmacht beanspruchst, hat dies ausgelöst. Wir haben darauf gewartet und so hat auch für uns das Warten ein Ende.

Alle Lichtschleusen, die für dich bereitstanden, öffnen sich jetzt. Das ist auch für uns ein großer Anlass, um zu feiern. Du bekommst, wonach es dir verlangt. Deine Sehnsucht, dein Verlangen nach dem Wissen, das alles bewegt, bewirkt dies. Bedingungsloses Sehnen erzeugt diesen Effekt.

Es ist das Füllhorn Gottes, das sich ergießt, und dieser Vorgang ist mit nichts anderem zu vergleichen, ein Vorgang, bei dem ALLES gegeben wird, alles, was eine Entsprechung zu deinem Weg aus der Ewigkeit hat.

„Herz, was willst du mehr?"

ICH: Da gibt es kein MEHR!

DIE ENGEL: Das ist so. Wir beenden nun unsere Durchsage. Wir sind voller Freude und unsere Hinwendung an dein Herz kennt keine Einschränkung. Wir lieben dich und begleiten absolut jeden Schritt von dir.

Wir sind die Liebe und das Licht und du bist ein Teil von uns, denn in Wahrheit sind wir alle EINS.

DEINE ENGEL

4. 10. 2007, 20 UHR

Die Abende hier sind magisch. Eine kleine verträumte Innenstadt, und ich sitze vor einem Caféhaus, trinke Tee und genieße die Zeit.

Gegenüber ein in Licht getauchtes Schmuckgeschäft und eine Apotheke. Davor verkauft eine sehr sympathische junge Familie aus Berlin, die ihre Sommer hier verbringt und erst im Winter wieder nach Deutschland zurückkehrt, wie ich aus einem kurzen Gespräch erfahre, selbsterzeugte natürliche Seifen und entwirft Tattoos aus Henna, die der interessierten Kundschaft kunstfertig und an Ort und Stelle an den unterschiedlichen Körperteilen angebracht werden. All das ist auf einem zusammenklappbaren Stand, der allabendlich mit dem Fahrrad herbeigekarrt wird, aufgebaut.

Hinter mir unterhalten sich die Dorfbewohner und die Melodie dieser mir fremden Sprache dringt wohltuend an meine Ohren.

Ein leichter Südwind weht, Menschen schlendern an und neben mir vorbei – es ist Urlaub.

Meine Rückenschmerzen und die Beeinträchtigungen an den Bandscheiben werden täglich weniger und so werde ich wohl bis Sonntag topfit sein – wie von JESUS angekündigt.

Heute hatte ich den Gedanken, dass ich scheinbar noch gar nicht ganz realisiert habe, was mit mir hier geschehen ist. Zu integrieren und zu heilen, darauf kommt es jetzt an – und ich bin auf einem guten Weg dahin. Bin schon sehr gespannt, wie sich dieser neue Zustand von mir in Wien anfühlen wird. Es ist so viel geschehen und Gott hat an mir das scheinbar Unmögliche möglich gemacht.

Liebe bringt immer Liebe hervor, möge ich genug davon in die Welt strahlen. Neben dem Nichtessen habe ich eine sehr starke Veränderung an mir bereits festgestellt: Es gelingt mir völlig mühelos, schöne Frauen einfach nur zu betrachten, ohne dass dabei eine unbändige Geilheit hervorbricht. Davor war das oft der Fall und ich wurde sexuell unruhig. Das ist jetzt weg.

Ein wunderbarer Zustand, da dieser so viel Frieden und Entspanntheit bringt. Daran kann ich mich echt gewöhnen: zu betrachten ohne zu haften – wunderbar.

5. 10. 2007

Freitag – vorletzter Tag in Paleohora. Freue mich auf Wien, aber es mischt sich auch Wehmut dazu. Erlebe einen wundervollen Abend auf der Meerespromenade.

Trinke einen ausgezeichneten griechischen Kaffee und freue mich des Lebens. Während aus der Bar hinter mir ruhige und lässige Musik zu mir dringt, taucht die Sonne im Meer unter und weicht dem Mond. Die Dämmerung geht in der Dunkelheit auf und der letzte Dampfer ist in den kleinen Hafen des Ortes eingefahren. Die Wirte stellen ihre Tische und Sessel auf die Straße, die ab dem Moment für den Straßenverkehr gesperrt ist, und erwarten mit ihren erlesenen Speisen die Kundschaft.

Ein lauer Wind frischt etwas auf und allmählich gehen die Lichter an – Lampions oder eingefärbten bunten Glühbirnen. Ein Abend auf Paleohora – malerisch und am Puls des Lebens. Unaufgeregt, doch voller Lebenslust – ruhig und mit einer uns oft fremd gewordenen Gelassenheit genießen die Menschen diese Stunden, bevor sie sich in ihre Unterkünfte aufmachen. Einfach sehr fein alles.

6. 10. 2007

Die letzten Stunden auf Paleohora.
Habe soeben eine sehr kleine Umhängetasche gekauft. War mir dabei nicht sicher. Irgendwie wollte ich die 49 Euro nicht ausgeben. Doch ich hörte in mir: *„Ich soll mir nichts vorenthalten."*

Ja, wieder das VERTRAUEN, es ist einfach für alles gesorgt – sollte und kann mich daran gewöhnen und mich darauf einstellen! Das Gefühl, dass alles ganz genau abgestimmt ist in meinem Alltag, hat seit dem Prozess deutlich zugenommen.

Habe einen wundervollen Tag und Abend. Tiefe Dankbarkeit hat sich eingestellt. Ich fühle mich blendend, obwohl die Bandscheiben noch drücken. Doch es ist, wie von JESUS vorausgesagt – wunderbar, dieses Lebensgefühl jetzt.

Hunger habe ich keinen. Ab und an etwas Gusto auf irgendetwas, aber das belastet mich nicht und kommt auch in meinen Gedanken kaum vor.

Morgen um 6.30 Uhr geht es zum Flughafen.

Alles ist erledigt hier und ich bemerke, dass es dauern wird, bis ich alle Geschenke integriert haben werde – bis alle Gaben ausgepackt sind.

LIEBE, VERTRAUEN, HINGABE.

OM NAMAH SHIVAY

Danke – Babaji, Jesus Sananda, Hilarion, Mutter Maria, Serapis Bey, Erzengel Michael, Erzengel Gabriel, Erzengel Raphael, Erzengel Jophiel, Nataniel, allen Engeln, die hier ungenannt, dennoch aber mit ihrer Liebe bei mir sind – und Gott.

Liebe

BRIEF DES AUTORS

Geliebter Leser,
auf den abschließenden Seiten findest du das ungekürzte Gespräch mit JESUS SANANDA vom 20. Oktober 2007.

Zu dieser Zeit war ich längst schon in Wien und mein „Alltag" hatte mich wieder. Nach achttägiger Arbeit im Caféhaus zog ich mir eine Wadenzerrung zu, daraufhin folgte eine Thrombose – und so musste ich für gut vier Wochen in den Krankenstand wechseln. Neben den starken Schmerzen, die diese Verletzung mit sich brachte, war es vor allem auch die Erkenntnis, dass der Arbeitsbeginn zu früh erfolgt war, und so wurde mir die erforderliche Zeit gegeben. Zusätzlich hatte ich diese „Auszeit" dringend nötig, denn wichtige persönliche Entscheidungen standen an – und dafür brauchte es Zeit, um diese klar zu erkennen und danach zu handeln.

Der erste Teil dieses in der Folge wiedergegebenen Gesprächs hat auf den ersten Blick nicht unbedingt etwas mit dem Lichtnahrungsprozess zu tun, doch zeigt er auf, WIE und WODURCH gewisse „Krankheiten" gegeben werden und vor allem WARUM. Wie gelangen wir zu unseren Erkenntnissen, die uns weiterbringen, und warum werden Situationen geschaffen, die dieses ermöglichen? Davon erhalten Sie Kenntnis und daher habe ich das Gespräch vollständig wiedergegeben: ein interessanter Einblick in die Wirkungsweise unserer Seele und der übergeordneten Kräfte in und um uns. Die „wertvollen Anleitungen" im abschließenden Kapitel wurden im Wesentlichen auch im Buch „Sananda Offenbarungen Band 1" veröffentlicht.

Es erscheint mir aber äußerst wichtig, auch hier auf Dinge hinzuweisen, die den Prozess weiter unterstützen, die dir vor allem die erste Zeit danach, die Zeit deiner „Rückkehr" in deinen Alltag, erleichtern, um dir so jede unangenehme Überraschung zu ersparen. Denn das Integrieren der neuen Energien ist ein Vorgang, der anhält, auch nachdem du schon längst wieder in deinem aktiven Leben stehst. Darauf sei abschließend hingewiesen und dies erscheint mir heute, wo ich mich wieder in das Leben einer oft noch sehr lichtarmen Umgebung integriert habe, von besonderer Bedeutung.

Als ich am 9. September 2007 mit meinen Aufzeichnungen begann, war es nicht meine Absicht, diese unbedingt zu veröffentlichen. Zwar dachte ich daran, es zu geeigneter Zeit und im passenden Rahmen einer breiteren Öffentlichkeit vorzustellen, doch ob und wann das sein würde, wusste ich selbst nicht.

Diese Erdenzeit erfordert jetzt scheinbar auch dieses Wissen, denn die Möglichkeit, sich vom göttlichen Licht zu ernähren, wird bald schon die breite Masse des menschlichen Bewusstseins erreichen. Dieses Buch ist ein weiterer Beitrag dazu, um dieses Bewusstsein, dass Gottes Licht dich tatsächlich und vollständig sättigen kann, in die Welt zu tragen.

Oft wird von der „Zeit der Zeiten“ gesprochen – und die geistigen Lichtwelten sind ständig zugegen, um die Rückbringung von Mutter Erde ins Licht voranzubringen.

Das Erschaffen dieser Wirklichkeit, sich vom flüssigen Licht zu ernähren, bringt die Erde ein gutes Stück voran, da dadurch auch deine Energiekörper geklärt werden. Es fördert deren Heilung, da unsere geklärten Energien eine völlig andere Schwingung erzeugen.

Unseren Absichten ist nach diesen 21 Tagen jede Destruktivität genommen!

Jeder Mensch, der einen solchen Prozess durchlebt, verändert nicht nur sein Wesen, bringt nicht nur seinem Sein Erfüllung, sondern speist durch sein neues „Sosein" eine neue Qualität von Energie ins kollektive Gitternetz[14] der Erde ein.

Und das wirkt sich aus! Es bringt Heilung im planetaren und universellen Ausmaß!

Das Gitternetz ist ein Magnetfeld der Liebe und steht somit in direkter Verbindung mit unserem körpereigenen Energiesystem. Speisen wir unsere liebevollen Gedanken und Absichten in dieses Netz ein, so leisten wir einen wesentlichen Beitrag, um die Schwingung der Liebe auf der ganzen Erde zu verstärken. Dadurch heilen wir den Planeten.

Liebe ist ***messbare*** Energie! Liebe ist Macht! JETZT werden wir dazu angehalten, diese Kraft auch zu gebrauchen.

KRYON: „Magnetfelder sind für eure Biologie sehr wichtig! Zudem können Magnetfelder auf euer spirituelles Bewusstsein einwirken (und sie tun es). Das magnetische Feld eures Planeten ist für eure biologische Gesundheit erforderlich und auf euren spirituellen Plan sehr fein angepasst und abgestimmt.

Mit den Anpassungen, die ich vornehme, kann eure spirituelle Seite zum Höhenflug ansetzen! Die Wesenheit, die du bist, wird sich zum ersten Mal als das erkennen, was sie wirklich ist: ein Teil Gottes."

„Die Liebe ist der Sieger der Zeiten."

(aus KRYON „Das Zeiten-Ende" und aus „Denke nicht wie ein Mensch", siehe Literaturempfehlungen im Anhang)

Deine Heilung ist immer auch die Heilung des Planeten und der Lichtnahrungsprozess ist eine Möglichkeit, die dies maßgeblich gewährleistet.

„Deine Energien haben sich verändert, denn von nun an bist du Licht und Liebe – und das wirkt sich aus. Ja!"

(Die Engel)

Ich wünsche dir viel Freude mit den abschließenden Seiten, denn es ist für alles gesorgt – es ist alles da, so wir es annehmen, und es ist alles vollkommen, so wir uns auf unsere Göttlichkeit wirklich einlassen.

JAHN JOHANNES

LICHTWELT
VERLAG

Die
Blumen
blühen
auch wenn
ein Blinder
vorbeikommt.

IM GESPRÄCH MIT JESUS SANANDA

20. 10. 2007

Geliebter JESUS, wie oft wohl habe ich in den letzten Tagen nach dir geschrien, die Schmerzen waren unerträglich – und jetzt wird es besser. Ist meine Entscheidung, die in diesem Zusammenhang getroffen ist, okay, dass ich in naher Zukunft nur noch drei Tage pro Woche im Caféhaus arbeiten soll?

JESUS: Geliebter Jahn – ja – okay und absolut notwendig! Sei dir versichert, dass für alles gesorgt ist, und auch Geld wird im Übermaß da sein. Alles ist so eingerichtet, dass es dir an nichts fehlen wird. Die Schmerzen der letzten Tage waren extrem für dich, doch ohne sie ging es nicht. Es musste diese Entscheidung zustande kommen, damit du dich frei machst für das Buch (Die Jesus Biografie). Denn vieles wird mit dem Erscheinen einhergehen und ein Fulltime-Job im Caféhaus wäre nicht mehr angemessen.

Ich habe dir angekündigt, dass du bald „rausgeholt" wirst. Und diese Phase beginnt jetzt!

Die letzte Phase deiner Anwesenheit dort hat längst begonnen und über dein neues Wirken werden jene Menschen erfahren, die damit umzugehen wissen.

„Die Perlen nicht vor die Säue werfen."

Darauf kommt es an. Doch auch dieser Punkt hat deine notwendige Achtsamkeit erhalten. Du sammelst deine Kraft und durch die Prozesse, die du oft „durchleidest", wirst du ganz geheilt, da du so an die erforderlichen Entscheidungen herangeführt wirst. Hast du Fragen, Jahn?

JJK: Ja, Jesus! Wird der Schmerz jetzt gehen?

JESUS: Ja, er geht, denn er hat seine Arbeit getan. In einigen Tagen läufst du wieder völlig frei und unbehindert. Er geht jetzt – ja!

JJK: Muss es immer so ein Schmerz sein, um etwas zu erkennen?

JESUS: Nein, absolut nicht!

Doch sobald eine Entscheidung ansteht und diese Entscheidung übersehen oder weggeschoben wird, wird ein Lebensumstand geschaffen, der dich ganz darauf fokussiert. Dein Hohes Selbst – deine Seele – weiß Bescheid und kreiert solche Situationen, damit Klarheit geschaffen wird.

JJK: Das heißt, ich habe mich vor dieser Entscheidung, nur noch drei Tage in der Woche zu arbeiten, „gedrückt"?

JESUS: Ja, du wolltest sie aufschieben aus Gründen des Geldes. Existenzängste waren die Grundlage. Doch dein durch den Lichtnahrungsprozess neu erlangtes Vertrauen in die göttliche Absicht will sich nicht mehr zurückdrängen lassen. Denn dein natürlicher Lebensfluss ist angeregt und du wirst daran erinnert, *ständig im Vertrauen, dass für alles gesorgt ist, zu leben, und vor allem – danach zu handeln und deine Entscheidungen dementsprechend auszurichten.* Da kann es keine „Kompromisse" mehr geben, da du dich innerlich so ausgerichtet hast. Vertraue also in jeder Lebenslage, es ist tatsächlich für alles gesorgt!

JJK: Wird so viel auf mich zukommen, nachdem die Jesus Biografie erscheint?

JESUS: Ja, lass dich überraschen! Wahrlich, wunderbare und Ehrfurcht gebietende Ereignisse stehen dir bevor – und ein neuer Arbeitsrhythmus im Caféhaus unterstützt das optimal.

Genieße die Zeit, die kommt, und vertraue! Gib dich hin, sei der, der du bist! Es ist für alles gesorgt, beanspruche diese Tatsache, und sei dir ihrer immer bewusst! Lass sie gehen, deine alten Muster und Ängste – restlos und auf ewig!

Vertrauen beinhaltet eine Absolutheit. Vertrauen hat den Anspruch, bedingungslos ausgerichtet zu sein auf den Puls der Schöpfung, in der DU einen markanten Platz innehast. Um im Lebensfluss mitzufließen, ist dies notwendig – vertraue daher.

Sobald die Jesus Biografie veröffentlicht ist, beginnt für dich ein völlig neuer Abschnitt deines Lebens. Daher gilt es jetzt, die notwendigen Vorkehrungen zu treffen, damit alles ideal den neuen Bedingungen und Aufgaben angepasst ist.

Die Jesus Biografie wird sehr viele Menschen erreichen. Viele, ja – sehr, sehr viele!

JJK: Ich habe noch eine Frage zu dem Thema „Essen". Ist es okay, dass ich jetzt wieder „normal" esse? Ich habe das „Nichtessen" einfach nicht geschafft, da ich, wie du ja weißt, permanent als sehr krank und schlecht aussehend betrachtet wurde – oder die Menschen machten sich halt Sorgen. Denn für die meisten war mein Aussehen nach dem Prozess (ich hatte circa 10 Kg weniger!) ein Schock. Ich denke mir, dass es momentan so am besten ist. Was meinst du dazu, JESUS?

JESUS: Es ist vollkommen in Ordnung, so, wie du dich jetzt entschieden hast. Sobald du einen idealen Zeitpunkt erhalten wirst, wird es dir ganz von selbst ein Bedürfnis sein, wieder ohne feste Nahrung auszukommen. Die Tatsache, dass du vom göttlichen Licht erhalten wirst, ist unabänderlich – und so genieße das Essen und auch die Zeit, in der du darauf verzichtest.

Alles hat seine Zeit, und deine Entscheidung ist von uns respektiert und ändert nichts daran, dass du durch den Prozess direkt an deine Göttlichkeit angebunden bist und bleibst. Essen oder Nichtessen ist nicht der zentrale Punkt.

Das ständige AUSGERICHTET SEIN auf die Urquelle des Seins, deiner wahren Heimat, darum geht ist – und das ist erreicht und bleibt so auf ewig bestehen.

JJK: Du hast ja einmal gesagt, dass ich durch die Lichtnahrung, die mich nun erhält, dieses Thema also einer breiten Öffentlichkeit zugänglich machen werde und so wird diese Ernährungsweise der „Lichtnahrung“ einen neuen Schub erhalten.

Geht das jetzt noch, wo ich ja wieder „normal“ esse?

JESUS: Ja, natürlich! Das schließt die Wirkung auf deine Mitmenschen nicht aus. Denn tatsächlich wirst du vom Licht ernährt und das feste Essen ist eine „Gusto-Sache“, eine Angelegenheit des Geschmacks und deiner Emotionen, die damit verbunden sind.

Dass du dich durch das Licht ernährst, wird auch so einer interessierten Öffentlichkeit bekannt werden – und jene, die das annehmen können, werden das auch tun und so ist die Wirkung gewiss. Dabei geht es um die Möglichkeit, dieserart seinen Körper zu erhalten, ob man zusätzlich feste Nahrung zuführt, spielt keine hauptsächliche Rolle.

Was dich betrifft, Jahn, so wirst du deine „Essensgewohnheiten" oftmals verändern. Doch ständig bist du von flüssigem Licht genährt. Du hast es erlebt und fünf Wochen nichts zu dir genommen. Deine Zellen haben diese Informationen und handeln danach. Ob du isst oder nicht, ist also nicht der Punkt.

Wichtig ist, zum „richtigen" Zeitpunkt die notwendigen Worte auch zu diesem Thema zu finden – und durch die Tatsache, dass du den Lichtnahrungsprozess durchlaufen hast, ist dir die natürliche Autorität gegeben, darüber angemessen zu berichten.

Ein neuer Schub wird kommen – durch dich und aus dir, viele Menschen werden erreicht. Ob du isst oder nicht, spielt dabei keine entscheidende Rolle. Die Menschen nehmen solch eine Information auf der Ebene der Seele wahr und so ist dafür gesorgt, dass sie an der richtigen Adresse ankommt.

Menschen, die imstande sind, ausschließlich über den Intellekt aufzunehmen, werden dieser Tatsache des flüssigen Lichts keinen Gehalt schenken können. Selbst wenn du niemals essen und trinken würdest: Für solche Menschen ist das nicht akzeptabel, da es die Ebene des Verstehens nicht erreicht.

Da die Seele nicht miteinbezogen ist in den Alltag, bleibt der Zugang zu solchem Wissen verschlossen.

So sei dir gesagt, geliebter Jahn, auch diese Tatsache, dass du in Wahrheit vom flüssigen Licht ernährt wirst, wird bekannt werden und alle erreichen, die es erreichen soll. Handle weiter deiner Intuition gemäß und passe dein Essverhalten an deine Lebenssituation an! So bist du immer optimal in Harmonie mit dir und so entsprichst du auch deinen Bedürfnissen auf angemessene Weise. Heute ist dein Kühlschrank voll und morgen wieder leer. Es spielt keine Rolle, so wie es ist, entspricht es dem Moment und so ist es auch richtig.

Weil im „Fluss des Lebens zu sein" bedeutet, jeden Moment seines Lebens bewusst zu erleben und seine Handlungen darauf einzustellen – ohne Blockaden oder Muster, ohne eine alte Vorstellung oder einen Glauben, der dich unfrei in deiner Entscheidung macht.

Der Moment – der Augenblick – verdient die ungeteilte Aufmerksamkeit und so ist für die Entscheidungen, die für eine freies Fließen deiner Energien zuständig sind, gesorgt.

JJK: Es ist wieder so schön, mit dir zu sprechen, und ich genieße es heute besonders, da unser letztes Gespräch schon eine Weile her ist.

JESUS: Ja, auch mir ist es eine große Freude, so bei dir zu sein. Die letzten Tage waren sehr intensiv für dich, doch ich war bei dir, auch wenn du dir nicht immer sicher warst.

JJK: Na ja, die Schmerzen waren so extrem, dass ich glaubte, mich hätten „Gott und die Welt" vergessen.

JESUS: Nein, nein, niemals! Ganz nahe und heilend waren wir bei dir. Doch es musste in dieser Art ablaufen, damit du diese Entscheidung JETZT treffen kannst. Es ist aber vorbei und solche Schmerzen werden nur gegeben, wenn jede andere Möglichkeit zu einem Resultat führt, was deiner Seele nicht dienen würde. Es ist immer ein umfassendes Ereignis. Solche Schmerzen berühren viele Ebenen, selbst im Caféhaus waren viele Menschen involviert – und so konntest du sehr viel in ihren Reaktionen über sie erfahren. Dadurch war es dir möglich, ihre Lebensmuster zu diesem Thema zu lesen.

Auch das ist wichtig, so erhältst du einen Einblick, der dir sonst unmöglich ist – und dieses Mal war dieses Wissen notwendig, damit du auch die Entscheidung, dich noch profunder abzugrenzen, treffen konntest.

„Die Perlen sind für jene, die deren Schönheit zu schätzen wissen, für jene, die ihren Wert erkennen!"

JJK: Ja, diesen Punkt habe ich immer wieder unterschätzt. „Alles für alle" war eher mein Motto und oft vergaß ich meine Sorgfalt dabei, wem ich was, wann und wie erzählte, welche Einblicke ich wem gebe und von welchen Menschen ich mich eher fernhalten sollte. Da war ich oft zu beliebig. Beliebig ist ein gutes Wort, finde ich. Aber nun habe ich die Entscheidungen getroffen und fühle mich sehr wohl dabei!

JESUS: Ja, die Entscheidungen sind klar und du wirst sie gut umsetzen.

JJK: Ich bin etwas aufgeregt bei dem Gedanken, dass in knapp 3 Monaten[15] das Buch erscheint.

JESUS: Ja, ein wichtiges Ereignis, die Menschen werden vom Leid befreit – ein sehr entscheidender Moment, durch den unendliche Heilung möglich ist.

Deine „Nervosität" ist eine Aufgeregtheit, ein frohes Erwarten, und diese Emotionen sind förderlich und haben auch eine Feierlichkeit. Es ist alles sehr gut vorbereitet.

Freue dich weiter und genieße die Zeit, denn wahrlich: Es ist DEINE Zeit. Sie ist gekommen. Ja!

JJK: Ich danke dir, danke! Ich bin nun sehr erleichtert nach diesem Gespräch mit dir – und glücklich. Der Fuß schmerzt noch, doch in kann schon gehen. Mein Herz aber ist voll von DIR, JESUS. Bleib bei mir, alle Tage – ewig! Bleib!

JESUS: Ja, ich bleibe – von Ewigkeit zu Ewigkeit. Da gibt es keine Pausen mehr. Deine Sehnsucht ist mein Auftrag und durch unsere Liebe sind alle Grenzen aufgehoben. Es ist die Liebe, die uns verbindet und diese Bindung bleibt bestehen bis ans Ende deiner Tage auf Erden – von Ewigkeit und in Ewigkeit.

Ja, mein geliebter Bruder aus der Einheit: Es ist die Liebe.

Nun trete ich zurück und wünsche dir einen schönen Abend.

Deine Heilung geht voran.
Vertraue und bleibe in der Liebe!

Dein ewiger Bruder

JESUS

WERTVOLLE ANLEITUNGEN

WIEN, IM NOVEMBER 2007

Als sich das Wunder, damit meine ich die Anbindung an den ätherischen Pfropf, wie angekündigt in der dritten Nacht ereignete, hatte ich die Gewissheit, auf dem Weg zu sein, auf dem Weg zu einem persönlichen Wandel, der einmalig und bleibend mein weiteres Leben bewegen würde. Meine Nierenschmerzen ließen allmählich nach und von nun an wusste ich, dass ich in guten Händen war.

„Es ist für alles gesorgt!"

So wurde mir diese Realität vertraut - und um das Vertrauen wie die Hingabe ging es in all diesen Tagen, Tage mit wunderbaren Erkenntnissen und Träumen, mit Wundern und Ereignissen jenseits des Alltäglichen, doch auch Tage des Leids, der Qual und der körperlichen wie psychischen Schwäche - bis hin zum Zusammenbruch.

Es ist eine extreme Erfahrung und ich kann sie nur jenen Menschen ans Herz legen, die sich damit vertraut machen, und jenen, deren Gefühle sich magisch von dieser Möglichkeit, Nahrung zu erhalten, angezogen fühlen.

„Klingelt" es in deinem Herzen, so ist es an der Zeit, durch diese Tage zu gehen. Hast du aber den leisesten Zweifel, so warte noch! Denn jeder Schritt hat seine Zeit und so ist auch diese Entscheidung erst dann gereift, wenn alle Ebenen deines Wesens einstimmen und ein deutliches JA aus deinem Herzen hörbar ist.

Nun möchte ich gerne einige Einzelheiten anführen, die vielleicht in dem Buch „Lichtnahrung" von Jasmuheen etwas zu kurz kommen. Grundsätzlich reicht das Buch aus, um diesen Prozess in Liebe und mit Kraft zu bewältigen, doch auf folgende Punkte sei von mir hier hingewiesen:

- Bitte entleere deinen Darm vor dem Prozess! Das erscheint mir äußerst wichtig und kann nicht oft genug betont werden. Ich nahm zwei Tage davor ein pflanzliches Abführmittel und so hatte ich während dieser Tage keinerlei Probleme mit einem harten Stuhl. Denn vor allem in der ersten

Woche ohne Flüssigkeit ist ein Stuhlgang eine Qual. Ist der Darm aber gut entleert, ist das kein Problem.

- Rechne damit, dass sich, wie im Protokoll beschrieben, deine Stimme zurückzieht, das heißt, dass du eventuell ab dem dritten Tag nicht mehr sprechen kannst. Nur ein leises „Krächzen" ist dann noch möglich – und für mich war das ein echter Schock. Keine Stimme mehr zu haben, das war furchtbar. Doch ohne Flüssigkeit ist das halt so und bis der Körper wieder versorgt ist, dauert es einige Wochen. Meine Stimme kam erst nach gut drei Wochen wieder vollumfänglich zurück. Also bitte keine Sorge, auch das ist kein Drama, so du es weißt. Vielleicht ist es ja nicht bei jedem so, doch bei mir war es ein großes Thema.

- Wasser: Achte darauf, dass du zumindest eine Badewanne benutzen kannst. Bei mir war es das weite Meer und täglich konnte ich darin baden. Denn so werden die Chakren ausgeglichen und das Wasser hat eine stark reinigende Wirkung. Dieser Punkt, wird im Buch von Jasmuheen zu Recht besonders hervorgehoben und ich kann dies nur bestätigen.

- Vorbereitungen: Sprich nur mit den Menschen über dein Vorhaben, die dich dabei bestärken, und nicht mit Menschen, die dich mit ihren Ängsten und Sorgen überschütten. Denn vielen fehlt dafür einfach noch das Verständnis oder das Wissen, was alles möglich ist in Gottes ewigem Sein. Sei dabei sehr achtsam, denn eine Information am „falschen“ Platz kann dich ungemein beeinträchtigen. Ich habe mich sehr daran gehalten, aber nach dem Prozess habe ich gemerkt, was es bedeutet, dem Unverständnis der Mitmenschen, auch wenn sie „Freunde“ sind, zu begegnen. Es brauchte eine lange Zeit, bis ich damit umzugehen vermochte, und nach einer Woche in der Arbeit wurde ich krank. Dies geschah vor allem, um mich von den unzulänglichen Kommentaren der Menschen – denen ich erzählte, ich hätte einen „Reinigungsprozess“ gemacht, denn das genaue Anführen des Lichtnahrungsprozesses hielt ich für fehl am Platz – zu erholen. Also, sei sorgsam dabei, das ist wichtig!

- Ganz wesentlich finde ich, sich keinen Druck zu machen! Nachdem du dieses „Wunder“ an dir erlebt hast, verändert sich vieles, vor allem aber gewinnst du ein unerschütterliches Vertrauen und du weißt endgültig, dass Gott da ist, dass ER dich ernährt und dass für alles gesorgt ist. Nach solch einer Erfahrung gibt es keinen Zweifel mehr, denn du hast am eigenen Leib erfahren, dass du aus der unsichtbaren Welt erhalten wirst. Mach dir danach aber keinen Druck, das heißt, so du wieder essen willst, tue es – ohne Schuldgefühle oder mit dich schwächenden Gedanken. Iss, was dir schmeckt, auch wenn sich alte Essgewohnheiten wieder melden, nimm sie an und erfülle die Bedürfnisse, denen du gerne nachkommen möchtest. Es ist noch Zeit genug, das Essen ganz aufzugeben und ich bevorzuge das Experimentieren und genieße es, zu wissen, dass mich eigentlich das Licht ernährt. Nach fünf Wochen begann ich wieder zu essen, denn ich hatte das Gefühl, dass es wichtig und völlig richtig war, so zu entscheiden. Bestehe nicht darauf, als „stolzer" Nichtesser durch die Welt zu gehen, wenn dich Bedürfnisse plagen. Erfülle sie, denn sie werden ganz von selbst gehen, wenn der Moment dafür gekommen ist. Bis dahin aber – genieße es!

- Das Integrieren der Energien: Dazu scheint es mir besonders wertvoll zu wissen, dass dies ein Prozess ist, der nach dem Prozess weitergeht.

Dabei wird es unterschiedliche Zeitabläufe geben, denn jeder Mensch ist anders – und so ist auch da keine allgemein gültige Formel von Nutzen. Doch bei mir dauert die Integration bis zum heutigen Tag (acht Wochen danach!) an und wie es aussieht, geht das noch eine Weile so weiter.

Konkret: Nach den 21 Tagen hatte ich wieder Kraft und Klarheit und solange ich mich im Urlaub auf Kreta befand, verlief alles wunderbar harmonisch und völlig unbeeinflusst.

In dem Moment allerdings, als ich nach Wien zurückkam, brach alles über mich herein. Die vielen Energien der Menschen, der oftmals Getriebenen durch die Arbeit und den Stress, die Energien einer Großstadt, und zu guter Letzt meine Arbeit im Caféhaus – all das kam für mich zu früh!

Damit hatte ich nicht gerechnet. Die Wadenzerrung – der, wie bereits im „Brief" erwähnt, eine Thrombose mit Krankenhausaufenthalt folgte – kam da gerade recht, denn es benötigte noch Zeit, um diesen neuen Status vollständig zu integrieren (dabei wurde auch die Gelegenheit gegeben, dieses Buch zu schreiben), das heißt, der Prozess geht weiter.

Je nach Konstitution oder nach den Bedingungen, die der Einzelne nach dem Prozess in seiner gewohnten Umgebung vorfindet, kann sich das alles sehr harmonisch einrichten oder aber, wie bei mir, zu einer echten neuen Herausforderung anwachsen.

Aus heutiger Sicht empfehle ich daher, sich für mindestens zwei Monaten eine „Auszeit" zu nehmen. Es ist unerhört lohnend – und darauf möchte ich hier nochmals besonderes Gewicht legen – sich diese Zeit freizumachen und ***langsam*** in den gewohnten Lebensrhythmus einzusteigen, vor allem dann, wenn du einen Beruf ausübst, der dich mit vielen Menschen zusammenbringt. Diesen „sanften Wiedereinstieg" in die Berufswelt halte ich für optimal.

Es braucht Zeit, um diese neue Ebene deiner Persönlichkeit gänzlich zur Geltung und zum Erblühen zu bringen. Es braucht Zeit, damit alle deine Zellen diese neue Kraft absorbieren und dazu sind drei Wochen (derzeit)[16] ganz bestimmt nicht ausreichend. Ganz bestimmt wird es in naher Zukunft so sein, dass die Menschen viel schneller und vielleicht auch auf andere Weise ihre Ernährung auf das Licht umstellen werden können.

Doch derzeit und aufgrund meiner eigenen Erfahrung kann ich nur anraten, deinen Zeitraum für diesen Prozess äußerst großzügig zu bemessen, jedenfalls aber ist weit mehr Zeit dafür notwendig als die 21 Tage, die der eigentliche Prozess dauert.

Ich hatte Wochen danach einen „Chi-Mangel", einen Mangel der Lebenskraft, wie mir meine Ärztin versicherte, nachdem sie sich meine Zunge besah. Meine unfreiwillige „Auszeit" durch die Verletzung in der Wade sollte mir wohl auch noch etwas Zeit bringen, um „alltagstauglich" zu werden. Obwohl man sich nach den drei Wochen meist kraftvoll und unglaublich wohl und vollkommen fühlt, so ist es eine ganz andere Sache, mit dieser Energie in den Alltag überzuwechseln.

Dazu bedarf es offensichtlich einer weiteren Feineinstellung, damit du dir in jeder Situation deines Lebens dieser neuen Qualität deiner Bewusstheit gegenwärtig bist. Das Integrieren erfolgt vor allem nach dem eigentlichen Prozess und dafür ist es wichtig, die notwendige Zeit freizumachen.
Du wirst es zu schätzen wissen – nimm dir ZEIT!

- Als letzten Punkt möchte ich die GEDULD anführen. Ohne Geduld mit dir und mit allem, was rund um dieses Ereignis geschieht, ist es sehr schwer, einen klaren Kopf zu behalten. Während des Prozesses finden an deinem Körper ständig Veränderungen statt – mal schuppt deine Haut, es schmerzt der Kopf, die Gelenke ziehen, du bist meist schwach auf den Beinen. Gedanken und Emotionen, die du sonst leicht weggedrückt hast, leben während dieser Erfahrung auf und weichen erst, wenn du sie zugelassen und akzeptiert hast. Auch in dieser Hinsicht ist viel Arbeit angesagt und es sind deine ganze Kraft und deine totale Absicht, diesen Prozess erleben zu wollen, gefordert – und dabei bedarf es deiner GEDULD! Denn die Tage erscheinen unwirklich lang und jede kleinste Veränderung an deinem Körper kann dich aufregen und verunsichern.

Vertrauen, Hingabe und Geduld – das sind die Tugenden, die diese Herausforderung optimal begleiten. Denn die Schönheit, Leichtigkeit und Erhabenheit, die Klarheit, Feinfühligkeit und Liebe, die dir danach zuteilwerden, sind ein so einmaliges Geschenk, dass sich jede, wirklich jede Beeinträchtigung währenddessen lohnt, da sie sich in ein erfüllendes Erleben der Umwelt wandelt.

Einer Welt, die ist, wie sie war, doch die du nun völlig anders wahrzunehmen imstande bist. Es ist ein Vorgang der ***Wiedergeburt*** – und diesen Status hast du danach erlangt. Die Anbindung an deine Göttlichkeit ist bleibend und völlig unabhängig davon, ob du wieder zu essen beginnst oder nicht. Du bist eingekehrt in dein Reich, du schöpfst direkt aus dem Äther, deiner kosmischen Heimat – und diese Tatsache ist mit nichts anderem zu vergleichen.

Diese 21 Tage sind eine große Beanspruchung für deinen Körper und deinen Geist. Doch meisterst du diese, so ist dir unendlich viel gegeben und nie mehr wird dir das genommen. Denn diese Erfahrung bringt dich an deine Grenzen, die du dabei überschreitest, und jenseits davon gibt es nur: Licht und Liebe.

So wünsche ich dir, lieber Leser, der du dich dazu entscheidest, alle Kraft, Geduld, und vor allem das Vertrauen und die Hingabe, damit du dich gehalten und genährt, geführt und bestärkt fühlst, während sich dieses Wunder an und in dir ereignet.

Gib dir Zeit, sei in Geduld und entscheide erst, wenn dein Herz bei dem Gedanken daran vor Freude hüpft. Dann aber tue es ganz!

Geliebter Leser,
möge dich das Licht erleuchten, das Herz tragen und die Liebe erfüllen.

Der Segen unserer Göttlichkeit macht das „Unmögliche" möglich - ganz gewiss auch für Dich.

OM NAMAH SHIVAY

JAHN JOHANNES

Du hast den Hunger meiner Seele gestillt.

Oh alldurchdringender GEIST,
die Brise Deiner Inspiration hat alle Wolken
vertrieben, das Firmament meines Geistes ist klar.
Mein geläuterter Blick schaut in allen Dingen
nur Dich.

Der Sonnenschein Deiner Freude
dringt bis ins Innerste meines Wesens.
Seit Jahrhunderten ausgehungert,
nähre ich mich von Deinem Licht.

Möge mir diese selige Freude durch Deine Gnade
und meine fortwährende Wachsamkeit
immer und ewig erhalten bleiben!

PARAMAHANSA YOGANANDA
"Flüstern aus der Ewigkeit"

FRIEDENSMEDITATION

Geliebter Mensch!

Alles Leben besteht aus Licht. Dies ist die Energie, die uns nährt und unsere Realität erschafft.

Durch unsere Gedanken und Emotionen werden Impulse freigesetzt. Sind die Absichten rein und liebevoll, gelangen liebevolle Energien und Licht ins kollektive Bewusstsein der Menschen. Auf der Ebene des Seins wird alles wahrgenommen und unser Geist ist diesen unsichtbaren Impulsen stets ausgesetzt.

Ist die negative Kraft der Gedanken und Emotionen vorrangig, so entladen sich diese Kräfte und führen zu Krieg und Zerstörung. Die Energie des Hasses wird real, da ungelöste Konflikte und das ständige Aufladen dieser niedrigen Energien dies bedingen.

Eine Friedensmeditation ist das bewusste sich Verbinden von vielen Menschen auf geistiger Ebene, um LICHT und LIEBE zu manifestieren.

Fehlt an einem Ort die Kraft des Friedens und der Liebe, so kannst du einen wesentlichen Beitrag leisten, um die Menschen vor Ort in eine höher schwingende Energie zu bringen. Das geschieht, indem du deine Gedanken und deine ganze Herzensliebe auf das Land oder auf das Gebiet ausrichtest, das JETZT diese Energie des Lichts benötigt.

Die Absicht ist klar ausgerichtet und dieses einheitliche Energiepotenzial bewirkt die Veränderung, dort, wo es erforderlich und angemessen ist.

Dazu werden an einem bestimmten Tag und zu einer bestimmten Uhrzeit die Energien der daran teilnehmenden Menschen gebündelt und als formulierte Absicht kraft deren Geistes an den Ort gebracht, der dafür vorgesehen ist.

Dein ewiger Geist kennt keine Begrenzungen und erreicht jeden Ort im Universum. Deine Absicht verdichtet sich zu diesen „Impulsen" und entfaltet deren Wirkung.

Deine Gedanken und deine Emotionen – haben eine REALE Kraft!

Dort, wo du in Liebe bist, entstehen Frieden und Schönheit, Freude und Anmut. Dort, wo du in Angst, Zorn und Hass bist, entstehen Kriege und Konflikte. Die Gedanken der Menschen und die Energie ihrer Absichten bewirken somit alles, was du derzeit auf der Erde wahrnehmen kannst.

So ist es auch leicht zu erklären, warum es derzeit so viele Unruhen und Konflikte gibt. All die ungeklärten Energien, die versteckten Absichten der einzelnen Menschen, der Zorn, der Neid und der Hass kommen ans Licht! Nichts bleibt mehr verborgen, alles gelangt an die Oberfläche und zieht eine oft so schmerzvolle Spur durch die Erfahrungswelt der Menschen. Die Schwingungserhöhung der Erde und die ständige Zunahme an Licht bewirken dies.

Die Friedensmeditationen wirken diesen zerstörerischen Energien entgegen, indem sie die Menschen mit einer neuen Energiequalität versorgen. Auf geistiger Ebene nehmen die Menschen diese Kraft wahr, ihre Schwingung erhöht sich und NEUE GEDANKEN werden möglich.

Es steht absolut in deiner Macht, zum Wachstum des Bewusstseins auf Erden beizutragen.

Denn Krieg zeugt immer von einem groben Mangel an Erkenntnis und von einem völligen Fehlen an Wissen um die tatsächlichen Zusammenhänge des Lebens.

Dies ist ein kosmisches Gesetz: Die Energien der Menschen erzeugen unsere Realität.

Gelingt es uns, positive und liebevolle Energie zu erzeugen und diese ins kollektive Bewusstsein der Menschen einzuspeisen, so tragen wir wesentlich dazu bei, der Welt ein neues Antlitz zu geben. Eine reine Absicht hat enorme Kraft und ein liebendes Herz verändert Realitäten!

Jede Friedensmeditation wird von der Urquelle des Seins direkt begleitet und unsere Liebesenergie fließt unmittelbar jenen Menschen zu, die danach dürsten. Die Meditationen sind dem Anlass angepasst und oft von durchgesagten Worten aus der Urquelle des Seins geführt. Damit wird erreicht, dass sich die gemeinsame Energie noch stärker ausrichtet und dass die Konzentration und Aufmerksamkeit erhalten bleiben.

Währenddessen wird auch DEIN Schwingungsfeld angehoben und das Licht Gottes reinigt, klärt und heilt, was jetzt einer Heilung bedarf.

Dieses IN-SICH-GEHEN bringt dort Licht, wo noch Dunkelheit herrscht – dir und allen Menschen.

Auch das Gefühl der Ohnmacht, nichts tun zu können, wo rund um uns Krisen und Kriege ausbrechen, verschwindet.

Da du dir DEINER Kraft und Macht durch diesen Dienst DEINER Liebe für alle Menschen gegenwärtig bist.

Eine in reiner Liebe schwingende Absicht hat eine ungeheure Kraft. Seien wir uns dieser Tatsache stets bewusst.

Unser Herz kennt alle Zusammenhänge. Vertrauen wir darauf und öffnen wir diese unversiegbare Quelle der Liebe in uns, so geschehen die Wunder, der die Menschen JETZT so sehr bedürfen.

Es kommt auf uns an! Unsere Absichten und Gedanken haben konkrete Auswirkungen.

Durch deine Herzensenergie ist diese so notwendige Umwandlung der zerstörerischen Energien möglich. Dies erzeugt eine NEUE Realität.

Es ist Zeit, in diese Verantwortung zu treten, um dadurch allen Menschen und Mutter Erde diesen Dienst zu erweisen, um zu erfüllen, wozu wir geboren wurden: der Erde ein neues Gesicht zu geben und den Menschen in seinen ursprünglichen Zustand der allumfassenden Liebe zurückzubringen.

Das kollektive Bewusstsein der Menschen ist eine beeinflussbare Angelegenheit. Wir haben es in der Hand.

Werde dir Deiner Kraft bewusst und bewirke, dass sich Frieden, Freude und Liebe BLEIBEND auf der Erde durchsetzen.

Ich bin, der ich bin.
Sei gesegnet, du bist unermesslich geliebt.

JAHN J KASSL

VERZEICHNIS DER ANMERKUNGEN

1 Lichtnahrung, Jasmuheen (Koha Verlag)

2 Erklärung: Sobald das göttliche weiße Licht im feinstofflichen Kanal der Wirbelsäule verankert ist, kann man es direkt ansprechen. Aufgrund dieser Einweihung ist es möglich, jede Heilung, die sein soll, augenblicklich zu erwirken. Diese Kraft der Liebe wirkt in absoluter Übereinstimmung mit den lichtvollen Absichten unseres göttlichen Wesens und ist ein vollkommener Stahl der göttlichen Liebe.

3 Blaupause: Ist dein exakter Lebensplan, dein Lebensentwurf, deine Kreation für das jeweilige Leben auf Erden. Dieser Entwurf wurde von dir und mit Hilfe deiner geistigen Führer in der Ewigkeit bestimmt. Je größer deine Übereinstimmung mit dieser Absicht ist, desto erfüllter ist dein Leben. Daher ist es so entscheidend, sich von alten und hinderlichen Mustern und Vorstellungen zu befreien, damit man den freien und unverstellten Blick auf seine Aufträge erhält, um so seinem Lebensentwurf aus der Ewigkeit gerecht zu werden.

4 Heute, viele Wochen später, erkenne ich die verborgene Bedeutung dieses Traums: Gewaltmuster, die in meinen Emotionen festsaßen, wurden so hochgespült – und dass ich mit der Person, die den Raum verlässt, nichts mehr zu tun habe, zeigt an, dass dieses Muster durch diesen Traum aufgelöst wurde. Ja, ALLES MUSS GEHEN!

5 In dieser Nacht verlässt mich meine Seele, um vier Tage später in den gereinigten und neu ausgerichteten Körper wieder einzuziehen. In diesen Tagen arbeiten die geistigen Lichtwesen äußerst intensiv mit meinem Vierkörpersystem und setzen es neu auf. Auch der Anschluss

an den ätherischen Pfropf erfolgt heute Nacht, um das Einsetzen des Sterbeprozesses zu verhindern.

6 Neuausrichtung: Mein Körpersystem wird umgestellt, um das flüssige Licht aufnehmen zu können. Dazu ist es in den folgenden vier Tagen notwendig, zu drei fest vereinbarten Zeiten für jeweils zwei Stunden in völliger Ruhe zu bleiben (am besten im Bett), damit für die Engel eine unbeeinträchtigtes Arbeiten möglich ist.

7 Thermische Temperatur: Durch die Neuausrichtung kann einem während dieser Tage sehr heiß werden. Eine Art innere Wärme macht sich breit – und so ist das Bedürfnis, in kaltes Wasser zu springen, groß. Doch davon sei hier abgeraten, denn das könnte für den sehr geschwächten Körper einfach zu viel sein. Ich genoss das Schwimmen im gut temperierten Ozean.

8 Eine Friedensmeditation ist das sich bewusste Verbinden von vielen Menschen auf geistiger Ebene, um Licht und Liebe zu manifestieren.

9 Siehe Literaturempfehlungen

10 Die Chakren gleichen wirbelnden Lichträdern. Sind die Chakren gesund, drehen sie sich im Uhrzeigersinn, ziehen Energie aus dem universellen Energiefeld herein und beleben unser gesamtes Sein. Da sie sich unterschiedlich schnell drehen, strahlt jedes Chakra eine andere Lichtfrequenz aus, die man als unterschiedliche Farbe wahrnimmt. Das unterste oder Basis-(Wurzel-)Chakra ist rot, die anderen tragen die übrigen Farben des Spektrums – orange, gelb, grün, blau, indigo oder purpurn und schließlich weiß. („Chakras“, Dr. Brenda Davies)

11 Liegt in der Nähe meiner Wohnung und ist eine der größten und belebtesten Einkaufsstraßen Wiens.

12 Bedeutet: „Herr, dein Wille geschehe." Über die Kraft dieses Grußes und Mantras, so man diese stets wiederholt, sagt Babaji wortwörtlich: „The power of OM NAMAH SHIVAY is infinite. This mantra is more powerful than the atomic bomb." Ich verwende dieses Mantra seit Langem und kann die transformierende Kraft, die davon ausgeht, vollkommen bestätigen.

13 Dabei werde ich ans Meer gehen, unter einer dort stehenden kleinen überdachten Hütte Platz nehmen und ein kleines Feuerritual machen – das Verbrennen von alten Vorstellungen und Mustern. Altes wird dem Feuer, als Sinnbild der reinigenden und zerstörerischen Kräfte Gottes (Shivas), übergeben. Dafür habe ich eine Kerze, ein Räucherstäbchen und neun schmale, mit den Absichten, die gehen dürfen, beschriftete Zettel vorbereitet – und neun Steine, die ich als Zeichen meines Dankes in das Meer werfe. Die Neun als die Zahl der Initiation und der Sammlung vor dem Schritt ins Neue, die Zahl der Vollendung.

14 Das die Erde umspannende Magnetgitternetz wurde durch die „Engelwesenheit" KRYON neu ausgerichtet, um den Menschen mehr Erleuchtung zu ermöglichen. Es wirkt direkt auf das Schwingungsfeld (die Aura) der Menschen ein. Durch diese Neuausrichtung kann das Energiefeld jedes Menschen in einem bisher noch nie möglichen Ausmaß angehoben werden.

15 Die Jesus Biografie Teil I (Smaragd Verlag)

16 Im Buch „Sananda Offenbarungen 1" weist Jesus Sananda darauf hin, dass sich die Bedingungen für diesen Prozess und den Umstieg auf Lichtnahrung laufend ändern.

LITERATUREMPFEHLUNGEN

Die ersten sechs Titel dienten mir als „Prozesslektüre“. Meistens las ich drei Bücher parallel, je nach Stimmung und nach Verfassung. „Babaji“ allerdings las ich ununterbrochen.

„Alexis Sorbas“ von Nikos Kazantzakis (patmos)

„Babaji“ In Wahrheit ist es einfach Liebe
von Helbig/Schnellbach (KOHA)

„Die Feuer von Troja“ von Marion Zimmer Bradley (Fischer)

„Die 64$ Tomate“ von William Alexander (blanvalet)

„Lichtnahrung“ von Jasmuheen (KOHA)

„Noch eine Runde am Karussell“ von Tiziano Terziani (Hoffmann & Campe)

„Sehnsuchtsflammen“ von Sri Chinmoy (The Golden Shore)

„Autobiografie eines Yogi“ von Paramahansa

Yogananda (Self-Realization Fellowship)

„Chakras“ Tore zur Seele von Dr. Brenda Davies (Heyne)

„Das Licht Gottes versagt nie!“ von Michael George (ch.falk)

„Der Lichtnahrungsprozess“
Erfahrungsberichte von Jasmuheen (HEYNE)

„Der Weg durchs Feuer“ von Irina Tweedie (Ansata)

„Die Erde ist in meiner Obhut“ von Janet McClure und Vyvamus (ch.falk)

„Die zwölf göttlichen Strahlen und die Priester aus Atlantis“ von Claire Avalon (Smaragd)

„Ende der Sehnsucht“ von Leonard Orr/Konrad Halbig/Franz Simon (KOHA)

„Flüstern aus der Ewigkeit“ von Paramahansa Yogananda (Self-Realization Fellowship)

„Im Reich der Erzengel“ von Flower A. Newhouse (Aquamarin)

„Indigo-Kinder erzählen" von Lee Caroll und Jan Tober (Ullstein).

„Jesus und Sai Baba" zusammengestellt von Sven Jaeggi (Govinda Sai)

„Jiddu Krishnamurti" Freiheit und wahres Glück (Heyne)

„Hilarion", Flamme der Wahrheit von Ines Witte-Henriksen (Smaragd)

„Heimliche Herrscher" von Jim Marrs (KOPP)

„Kryon", Das Zeiten – Ende von Lee Carroll (Ullstein)

„Kryon", Denke nicht wie ein Mensch
von Lee Carroll (Ullstein)

„Kryon", Neue Botschaften des Lichts
von Barbara Bessen (Smaragd)

„Leben durch Lichtnahrung" von Michael Werner/ Thomas Stöckli (AT VERLAG)

„Sananda spricht" von Joachim Hausmann (Kamasha)

„Sanfte Wege zur Lichtnahrung" von Jasmuheen (KOHA)

„We feed the world" von Erwin Wagenhofer/Max Annas (orange press)

PUBLIKATIONEN JAHN J KASSL

FRIEDEN IST DIE MEISTERSCHAFT
Lichtwelt Verlag, gebundene Ausgabe (2024)

DAS GESCHENK
Lichtwelt Verlag, gebundene Ausgabe (2024)

VERHEISSUNG – ALLES KOMMT ZUM GUTEN
Lichtwelt Verlag, gebundene Ausgabe (2023)

HANNELORE
Lichtwelt Verlag, gebundene Ausgabe, 2. Auflage (2023)

AUFBRUCH IN DIE FREIHEIT
Lichtwelt Verlag, gebundene Ausgabe (2023)

BIS DICH DIE SEHNSUCHT FINDEN KANN
Lichtwelt Verlag, gebundene Ausgabe (2022)

ELIJA PROPHEZEIUNGEN BIS IN DAS JAHR 3000
Lichtwelt Verlag, gebundene Ausgabe (2022)

AUFERSTEHUNG
Lichtwelt Verlag, gebundene Ausgabe (2022)

BEFREIUNG
Lichtwelt Verlag, gebundene Ausgabe (2021)

SANANDA OFFENBARUNGEN – TEIL II
Lichtwelt Verlag, gebundene Ausgabe (2021)

VOLLENDUNG
Lichtwelt Verlag, gebundene Ausgabe (2021)

GELASSENHEIT IM STURM
Lichtwelt Verlag, gebundene Ausgabe (2021)

ERLÖSUNG
Lichtwelt Verlag, gebundene Ausgabe (2020)

SANANDA OFFENBARUNGEN - TEIL I
Lichtwelt Verlag, gebundene Ausgabe, 2. Auflage (2023)

ENTSCHEIDENDE JAHRE DER MENSCHHEIT
Lichtwelt Verlag, gebundene Ausgabe (2020)

DU BIST BEHÜTET
Lichtwelt Verlag, gebundene Ausgabe, 2. Auflage (2021)

LICHTSPUR IN DAS GOLDENE ZEITALTER
Lichtwelt Verlag, gebundene Ausgabe, 2. Auflage (2024)

SPRACHE DER SEELE - 13 SCHLÜSSEL DES LEBENS
Lichtwelt Verlag, gebundene Ausgabe, 2. Auflage (2023)

WANDEL DER HERZEN
Lichtwelt Verlag, gebundene Ausgabe (2018)

ATMAR - JENSEITS ALLER KONZEPTE
Lichtwelt Verlag, gebundene Ausgabe, 2. Auflage (2023)

KURS ZUR FREIHEIT - BABAJI
Lichtwelt Verlag, gebundene Ausgabe, 2. Auflage (2023)

IM ZEICHEN DES WANDELS
Lichtwelt Verlag, gebundene Ausgabe (2018)

JETZT BIST DU DA - TAGEBUCH EINES ERWACHENS
Lichtwelt Verlag, gebundene Ausgabe (2017)

KURS IM KREIEREN - PAUL DER VENEZIANER
Lichtwelt Verlag, gebundene Ausgabe (2017)

DIE ERDE WIRD NICHT ZERSTÖRT!
Lichtwelt Verlag, gebundene Ausgabe (2017)

30 TORE ZUR ERLEUCHTUNG
Lichtwelt Verlag, gebundene Ausgabe, 3. Auflage (2023)

ES WIRD STILL AUF DIESER WELT
Lichtwelt Verlag, gebundene Ausgabe (2016)

DIE JESUS BIOGRAFIE - TEIL I
Lichtwelt Verlag, gebundene Ausgabe, 5. Auflage (2022)

DIE GROSSE ZEIT IST GEKOMMEN
Lichtwelt Verlag, gebundene Ausgabe, 2. Auflage (2021)

KRISTALLWÜRFEL DES AUFSTIEGS - MIT ARBEITSBUCH
Lichtwelt Verlag, Sondereinband, 2. Auflage (2023)

LICHT I - HEILUNG DURCH GOTT
Lichtwelt Verlag, gebundene Ausgabe, 2. Auflage (2018)

TELOS, WILLKOMMEN IN AGARTHA
Lichtwelt Verlag, gebundene Ausgabe, 3. Auflage (2020)

LEBEN, BAND I
Lichtwelt Verlag, gebundene Ausgabe, 2. Auflage (2021)

DER LICHTNAHRUNGSPROZESS - GRENZERFAHRUNG IN 21 TAGEN
Lichtwelt Verlag, eBook (2011)

DIE JESUS BIOGRAFIE - TEIL II
Lichtwelt Verlag, gebundene Ausgabe, 2. Auflage (2021)

2026 OFFENBARUNGEN GOTTES
Lichtwelt Verlag, gebundene Ausgabe, 2. Auflage (2021)

LICHT II
Lichtwelt Verlag, gebundene Ausgabe, 2. Auflage (2023)

Alle Titel, auch als eBook, erhältlich – www.lichtweltverlag.at

BÜCHER VON JAHN J KASSL

JAHN J KASSL

HANNELORE

Als Hannelore am 19.9.2022, um 0:15 für immer einschlief, ahnte ich nicht, dass sie sich nur einen Tag später als „Neugeborene" mit einer ersten wunderbaren Botschaft „KÖNNTET IHR DAS NUR SEHEN" bei mir einstellen würde!? Beginnend mit der Botschaft von ERZENGEL RAPHAEL, ziemlich genau einen Monat bevor Hannelore ihre Reise antrat, beinhaltet das zweite Kapitel alle Botschaften, die in den Tagen, Wochen und Monaten nach ihrer Heimkehr ins Licht von ihr selbst an mich übermittelt wurden.

Detailliert schildert die Abgereiste ihre Ankunft im Licht und sie beleuchtet, von ihrer neuen Warte aus, das Menschsein. Von Freiheit ist die Rede und von einer unglaublichen Liebe, die uns danach erwartet. Am Ende ist alles ganz leicht, das Menschsein wird schön und der Tod verliert den Stachel – alle Ängste schwinden.

Ich erlebe es beim Schreiben und beim wiederholten Lesen dieser Botschaften immer wieder: Tod, wo bist du, lass dich umarmen – und bis es so weit ist, sich des Lebens zu erfreuen und dieses zu genießen.

284 Seiten, 11,7 x 16,2 cm, Taschenbuch, ISBN 978-3-903435-07-0
21 EUR inkl. MwSt. zzgl. Versand

JAHN J KASSL
HANNELORE
LICHTWELT
VERLAG

JAHN J KASSL

JETZT BIST DU DA

Dieses „Tagebuch eines Erwachens“ umfasst einen Zeitraum von 38 Tagen und ist ein zutiefst ehrlicher Bericht einer spirituellen Wandlung, an deren Ende die konstante Anbindung an das Licht Gottes steht. Während dieser Zeit im Sommer 2007 stand mir Jesus Sananda täglich 24 Stunden bei. Es war die Zeit, in der ich schließlich Gottvertrauen erlangte und in der sich für mich der Schleier zwischen Himmel und Erde für immer hob.

„JETZT BIST DU DA“ geht jedoch weit über meine eigene Transformation hinaus, denn es enthält eine Fülle von Botschaften für die ganze Menschheit. Manches erhält rückblickend eine neue Bedeutung und so ist dieses Buch auch ein spannendes Werk spiritueller Zeitgeschichte. Und schließlich das Wichtigste: Jesus lädt durch dieses Buch auch dich ein, dein Gespräch mit IHM zu beginnen.

Für mich waren diese 38 Tage das bis dahin größte Geschenk meines Lebens – und dass ich heute, 10 Jahre später, dieses Geschenk weiterreichen darf, erfüllt mich mit großer Freude.

JAHN J KASSL

TAGEBUCH EINES ERWACHENS

JETZT BIST DU DA

LICHTWELT
VERLAG

JAHN J KASSL

GELASSENHEIT IM STURM

EINFÜHRUNG VON BABAJI

Geliebter Jahn,

dieses Buch schreibst Du! Dieses Buch diktierst Du Dir selbst! Dieses Buch bist Du! Dieses Buch erreicht die Herzen der Menschen, denn es ist Deinem Herzen entsprungen und in Dir gereift.

Während das Leben läuft, versäumen die Menschen es, während das Glück wartet, warten die Menschen darauf, und während die Liebe nach Erfüllung ruft, stellen sich die Menschen taub.

Dieses Buch handelt vom Leben, vom Glück und von der Liebe. In einfachen, kurzen und tiefgründigen Kapiteln kann der Leser sich selbst ergründen: Mensch, was bist du wirklich und was glaubst du immer noch zu sein!?

Am Ende, wenn du das irdische Kleid ablegst und dich die Engel in das Licht heben, ist es zu spät – du bereust und bedauerst. Lass es niemals so weit kommen – vor allem jetzt nicht, da die Welt neu erschaffen und der Mensch neu geboren wird.

Du bist Teil des Wandels, Teil des Aufstiegs und Teil aller Ereignisse, die geschehen oder ausbleiben. Gestalte dein Leben, lebe es und sei glücklich! Bist du es nicht – dann werde es!

176 Seiten, 11,7 x 16,2 cm, Taschenbuch, ISBN 978-3-9504920-0-2
19 EUR inkl. MwSt. zzgl. Versand

JAHN J KASSL

GELASSENHEIT IM STURM

LICHTWELT VERLAG

JAHN J KASSL
TELOS
WILLKOMMEN
IN AGARTHA
LICHTWELT
VERLAG

JAHN J KASSL

BEFREIUNG

FREIHEIT LIEGT IN DER LUFT

Die Stimmen für die Freiheit werden lauter und lauter. Der Widerstand formiert sich und ganz entgegen vieler Prognosen: Die Menschen wachen auf!

Mit dem Aufwachen ist aber immer auch der spirituelle Aspekt verbunden – und so gewinnt auch die Spiritualität immer größeren Raum. Fernab vom politischen Treiben beginnen immer mehr Menschen, sich selbst in einen größeren, in einen kosmischen Zusammenhang zu stellen. Der Mensch als ganzheitliches göttliches Geschöpf tritt in Erscheinung und immer mehr Menschen öffnen sich für neue Perspektiven der Wahrnehmung. Deshalb erfahren spirituelle Botschaften immer mehr Akzeptanz, den das Leben auf Erden muss ganzheitlich beleuchtet und im Kern verstanden werden, um gelebt werden zu können.

Dieses schlanke Buch vermittelt zusammengefasst eine einzige Botschaft: Bleibt im Vertrauen und baut auf die Macht eures göttlichen Bewusstseins! Seid euch der Macht eures Handelns bewusst, denn die Dämme brechen jetzt!

Verändert die Welt! Ihr habt es in der Hand. Niemand kann seine dunklen Pläne ohne eure Mitarbeit verwirklichen! Dein JA ist dafür essenziell, deshalb ist jetzt dein NEIN entscheidend.

144 Seiten, 11,7 x 16,2 cm, Taschenbuch, ISBN 978-3-9504920-6-4
17 EUR inkl. MwSt. zzgl. Versand

JAHN J KASSL

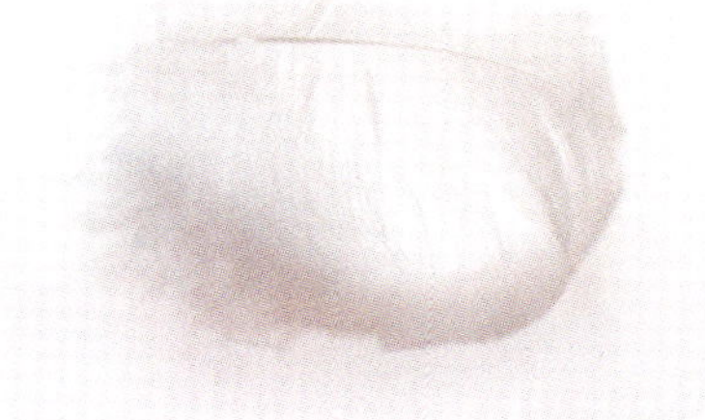

BEFREIUNG

LICHTWELT
VERLAG

JAHN J KASSL

LEBEN

Dieses Buch leuchtet tief in die nun bevorstehende Zeit hinein. Der Aufstieg der Menschheit und des Planeten findet statt und setzt sich trotz der weitverbreiteten Zweifel und Zweifler temporeich fort. Umwälzungen in der Gesellschaft sind nicht mehr zu übersehen. Staat, Kirche und bewährte Institutionen werden in Frage gestellt und wandeln sich, ja, sie müssen es. Im Einklang mit dem Schöpfer werden die Weichen gestellt, die es jetzt braucht, damit sich der Planet mit der Menschheit auf der fünften Dimensionsebene des Lichts verankern kann. Noch liegt eine bedeutende Wegstrecke vor uns und was wir jetzt vor allem benötigen, ist die Weisheit zu LEBEN.

Dieser erste Band "LEBEN" ist ein Wegweiser dazu und weist uns die Lichtspur der uns bevorstehenden Wochen, Monate und Jahre.

184 Seiten, 11,7 x 16,2 cm, Taschenbuch, ISBN 978-3-9504748-8-6
17 EUR inkl. MwSt. zzgl. Versand

JAHN J KASSL

LEBEN

LICHTWELT
VERLAG

JAHN J KASSL

ATMAR

ATMAR ist höchstes göttliches Bewusstsein und führt uns ohne Umwege zu Gott. Wer bereit ist für einen direkten Pfad, wird jede Zeile dieses Buches als großes Geschenk und Segen erfahren. Lesen Sie hinein, wie es sich anspürt ohne Umschweife die Treppen der Erkenntnis emporzusteigen.

Jenseits des Weges existiert Gott:
Der Weg selbst ist weder das Ziel noch die Bestimmung.

Der Weg zu Gott ist einfach, so man alle Konzepte aufgibt. So man selbst das „Konzept des Weges" aufgibt. Denn es braucht keinen Weg, um IHN zu erlangen. Es braucht nur die augenblickliche Erkenntnis – ohne Weg, ohne Tun, ohne die Meilenstiefel, die euch angemessen wurden, damit ihr dieser Illusion begegnen konntet. Was für ein Weg soll es sein, der zu Gott führt? Das würde bedeuten, ihr befindet euch da (am Weg) und Gott ist dort (am Ende des Weges).

Ein Irrtum! So ist es. Denn Gott erlangt man ohne einen Weg, den ihr beschreiten müsst – das ist ein Konzept der Religionen, die davon wenig Ahnung haben und kaum Wissen.
Das Geheimnis ist einfach: IHR SELBST SEID DER WEG!

128 Seiten, 11,7 x 16,2 cm, Taschenbuch, ISBN 978-3-903435-06-3
19 EUR inkl. MwSt. zzgl. Versand